VIE

DE

SAINTE COLOMBE

VIERGE ET MARTYRE

VIE

DE

SAINTE COLOMBE

VIERGE ET MARTYRE

SUIVIE

D'UN ABRÉGÉ DE L'HISTOIRE DE SON CULTE

DEPUIS L'AN 274 JUSQU'A NOS JOURS

PAR

M. L'Abbé BRULLÉE

———

SENS

CH. DUCHEMIN, IMPRIMEUR

De Mgr l'Archevêque et du Clergé

———

Lettre publiée en tête de l'Histoire de l'Abbaye Royale de Sainte-Colombe, format in-8º, dont cette publication n'est que l'abrégé

Sens, 18 avril 1852.

MONSIEUR L'ABBÉ ,

Vous avez eu à cœur de ranimer la vénération pour notre sainte Colombe, parmi les habitants de la ville qui fut témoin de son martyre. Le zèle que vous avez déployé dans les laborieuses recherches que votre ouvrage a nécessitées, l'intérêt qui s'attache à sa lecture sont des motifs assez puissants qui me font accepter la dédicace de cet ouvrage ; et je suis heureux, en le faisant, de vous donner une nouvelle preuve de mon affectueuse estime.

Recevez en même temps, Monsieur l'Abbé, la nouvelle assurance de mon affectueux dévouement ,

† MELLON, *Archevêque de Sens.*

ILLᴹᴼ AC Rᴹᴼ Dɴᴏ Dɴᴏ COLᴹᴼ

LUDOVICO BRULLÉE.

ILLᴹᴱ ᴀᴄ Rᴹᴱ Dɴᴇ Dɴᴇ COLᴅᴍᴇ,

L'ouvrage que vous avez fait paraître sur la vie de la bienheureuse Colombe et sur son monastère, situé près de la ville de Sens, a été remis au Souverain Pontife Pie IX, en même temps que vos lettres pleines de soumission et de dévouement. Et bien que Sa Sainteté n'ait pas encore pu lire votre livre, cependant il veut vous accorder, comme il est juste, les louanges que mérite le pieux dessein par lequel, avec l'approbation de l'Archevêque de Sens, vous vous êtes efforcé de retracer, pour la postérité et pour les hommes de notre temps, la vie de cette sainte vierge et martyre ainsi que les titres de gloire de ce très ancien monastère C'est pourquoi le Souverain Pontife m'a ordonné de vous adresser

Commentarium quod de vita beatissimæ Columbæ, ac de Senonensi manosterio edidisti in lucem, perlatum est una cum litteris tui, obsequentissimis ad maximum Pontificem Pium IX : Etsi vero nihil adhuc is de tuo eodem opere degustare potuerit pium, tamen tui consilium meritis, ut par est prosequitur laudibus quo, Senonensi Antistite probante, ejus sanctæ virginis et martyris gesta, necnon antiquissimi monasterii insignia decora, posteris vivisque commendare aggressus es Idcirco mihi injunxit, ut meritas tibi, illustrissime ac reverendissime Domine, gratias persolverem, unaque de paterna sua in te caritate certiorem te facerem, cujus pignus est apostolica benedictio, quam omnis auspicem gratiæ cœlestis. Tibi ipsi et congregationi isti sororum ab Sancta infantia Jesu et Mariæ, nuncupatæ, pro quâ illam pie ac religiose postulasti, intimo cordis affectu amanter impertitur.

Reliquum est ut opportuna hac occasione studium tibi profitear obsequii mei Ill^{me} ad Rnd Dne, cui læta interim ac salutaria omnia enixe precor a Domino.

Tui, illustrissime ac reverende Domine.

Dat. Romæ die 6 julii 1853.

des actions de grâces bien méritées et de vous assurer en même temps de sa paternelle affection envers vous, en témoignage de laquelle et comme gage de toutes les faveurs célestes, il vous accorde affectueusement et du plus intime de son cœur la bénédiction apostolique, pour vous-même et pour la congrégation des sœurs de la Sainte-Enfance de Jesus et de Marie, pour laquelle vous l'avez ardemment et religieusement demandée.

Il ne me reste plus maintenant qu'à profiter de cette occasion favorable pour vous assurer de la sincérité de mon dévouement, et de l'ardeur avec laquelle je vous souhaite dans le Seigneur, toute sorte de joie et de prospérité.

Humilius et addictissimus servus

D**OMINICUS** **FIORAMONTI,**

Sanctissimi Domini nostri ab epistolis latinis.

Donné à Rome, le 6 juillet 1853
Je suis, etc.

D**OMINIQUE** **FIORAMONTI,**

Secrétaire de N. S. Père le Pape pour les lettres latines.

Au moment où se terminait l'impression de la première édition de ce petit volume, son auteur a reçu de Rome la lettre pleine de bienveillance que le Souverain Pontife a daigné lui faire adresser par son secrétaire pour les lettres latines, Mgr Fioramonti. En considérant comment les efforts que M. l'abbé Brullée a tentés, pour la restauration du culte de sainte Colombe, ont été accueillis par Mgr. l'Archevêque de Sens, qui a bien voulu les appuyer de son zèle et de son autorité ; comment des personnes aussi généreuses que chrétiennes, les ont déjà secondés par leurs offrandes ; comment enfin le Souverain Pontife les bénit ; dans l'effusion de son âme, M. Brullée n'a pu douter de la réalisation de nos plus chères espérances : le rétablissement du pélerinage de Sainte-Colombe.

VIE

DE

SAINTE COLOMBE

VIERGE ET MARTYRE

I

SAINTE COLOMBE QUITTE L'ESPAGNE, SA PATRIE

Quand le Sauveur du monde eut recueilli sur les bords du lac de Génésareth les douze hommes du peuple dont il voulait faire ses apôtres, il leur dit : *Allez, enseignez tous les peuples, les baptisant au nom du Père, et du Fils, et du Saint-Esprit, et leur apprenant toutes les choses que je vous ai prescrites* (1). Et ceux-ci, se partageant le monde comme de nouveaux conquérants, s'en allèrent, pleins de confiance, répandre parmi les nations idolâtres la semence de la vérité. Arrosée de leurs sueurs et de leur sang, cette divine semence germa et se développa rapidement dans toutes les contrées, pour former de ces peuples en dissolution cette magnifique société chrétienne qui s'appelle l'Eglise catholique et qui doit subsister, malgré toute la fureur de ses ennemis, jusqu'à la consommation des siècles.

Mais ce ne fut pas sans peine que le bon grain de l'Evangile put croître ainsi au milieu des épines et de toutes les herbes vénéneuses du paganisme, si fortement enracinées dans la cor-

(1) Malth. XXVIII, 19 et 20.

ruption des mœurs. Quand la vérité faisait son apparition au milieu d'une contrée encore assise dans les ombres de la mort et dont les habitants étaient voués au culte des idoles, un petit nombre seulement d'âmes plus droites et plus généreuses s'ouvraient d'abord aux rayons divins ; un membre, deux ou trois au plus dans une famille embrassaient la doctrine nouvelle, tandis que les autres demeuraient obstinément dans l'erreur. C'était alors que s'accomplissaient les paroles du Maître : *Je suis venu séparer le fils d'avec le père, la fille d'avec la mère... et les ennemis de l'homme seront ceux de sa propre maison* (1). De là, en effet, ces contradictions du foyer domestique qui préludaient aux persé-

(1) Matth. x. 35 et 36.

cutions des puissances temporelles. D'un côté, les païens s'efforçaient, par tous les moyens imaginables, d'étouffer les premières lueurs de la vérité ; de l'autre, les chrétiens répondaient à ces tentatives par des prodiges de douceur et de fermeté. Non seulement ils persévéraient dans la doctrine du salut, mais encore ils s'efforçaient d'implanter la foi dans l'âme des contradicteurs. Quelquefois, on réussissait, souvent aussi les persécutions n'en devaient que plus violentes.

C'est ainsi que durant les trois premiers siècles de l'Eglise, l'Espagne, vers laquelle nous allons tourner nos regards, fut arrosée par le sang de nombreux martyrs. La foi y avait été introduite par saint Jacques le Majeur, dont les reliques sont à Compostelle l'objet d'une antique vénération ; saint Paul aurait continué son œuvre en évangélisant la Catalogne, l'Aragon, le royaume de Valence et surtout l'Andalousie. Aussi, dès l'an 95 de l'ère chrétienne, saint Eugène, premier évêque de Tolède, donnait sa vie en témoignage de sa foi, et, pendant les deux siècles suivants, un grand nombre de fidèles imitèrent son courage.

Cependant, au milieu de ces persécutions sanglantes, il se rencontrait aussi des âmes non moins ardentes, mais que certaines circonstances particulières engageaient à suivre cette parole de l'Evangile : *Lorsqu'on vous poursuivra dans une ville, fuyez dans une autre.* Celles-là se décidaient à quitter leur patrie pour aller chercher sur une terre étrangère le moyen de suivre librement les lumières de la grâce.

Or, c'est précisément ce qui arriva pour la jeune héroïne dont nous allons retracer l'histoire.

« La bienheureuse vierge Colombe, née en Espagne d'une famille royale, mais païenne, fut tellement éclairée dès sa plus tendre jeunesse des splendeurs de la lumière divine, et embrasée des flammes d'un si grand amour de Dieu, qu'elle ne put jamais être amenée, par ses parents, ni à prier, ni à adorer les idoles. Bien plus, quoiqu'elle ne fut alors âgée que d'environ seize ans, elle ne balança pas à quitter la maison paternelle, à l'insu de sa famille, pour venir dans les Gaules, avec un courage aussi admirable qu'extraordinaire, afin d'y embrasser le christianisme, en compagnie de saint Sanctien, de saint Augustin, de sainte Béate, sa parente, et de plusieurs autres, sacrifiant ainsi d'elle-même les plaisirs des sens, les honneurs qui l'attendaient, et, qui plus est, l'amour de ses chers parents (1). »

Nous avons plus d'un exemple de semblables émigrations dans les premiers siècles de l'Eglise surtout, et personne n'ignore que ce fut même là un des moyens dont la Providence se servit, ou pour faire pénétrer la foi dans les contrées qui ne la possédaient pas encore, ou pour la ranimer dans les pays qui la voyaient s'éteindre.

En effet, la vue des sacrifices que s'imposent de tels chrétiens, qui ne

(1) Seconde légende rapportée par dom Cotrom, page 21.

craignent pas d'abandonner biens, gloire, repos et famille, pour la conservation de leur foi, ne peut que produire d'heureuses impressions sur ceux qui en sont les témoins (1).

(1) En 1851, deux jeunes Turcs, de Constantinople, sont venus, après les plus dures persécutions, se faire baptiser à Perpignan.

En 1853, une jeune femme juive, bravant les plus grands dangers, est également venue de Constantinople à Rome pour y recevoir le baptême.

II

PREMIER MIRACLE ET BAPTÊME

Le jour fixé pour le départ est arrivé, et il nous semble voir notre jeune
vierge, suivie des âmes généreuses
qui partagent ses desseins, s'avancer
sur la route de la terre étrangère.
Rien n'a pu les arrêter, ni la douleur
si naturelle d'abandonner la patrie,
ni la longueur et la difficulté du chemin qu'il faut parcourir, ni la crainte
de manquer des choses indispensables
à la vie. Pleine de confiance en Dieu,
Colombe sait que la Providence veille
avec une tendresse toute maternelle
sur ceux qui cherchent d'abord le
royaume des cieux, leur donnant tout

le reste comme par surcroît. Elle ne tarda pas à en faire l'heureuse expérience, car : « Pressée par une soif ardente, au milieu de cette longue route, elle obtint miraculeusement, par sa prière, qu'une fontaine jaillît à l'endroit même où l'on s'était reposé un instant, à cause de la fatigue du voyage. Puis étant arrivée en la ville de Vienne (*en Dauphiné*), elle y fut purifiée dans les eaux sacrées du baptême. Là on voit encore, comme monument de ce fait, dans l'église de l'insigne monastère des religieuses de l'ordre de Saint Benoît, consacré à Dieu en l'honneur de notre Sainte. une chapelle construite sur le lieu où elle fut baptisée, et qui porte cette inscription : *Baptisterium sanctæ Columbæ.* »

Ce monastère, aujourd'hui en ruines, fut fondé vers le VIIIe siècle, et peut-être même qu'il existait avant l'invasion des Maures qui, en 726, ravagèrent cette partie des Gaules. Les plus anciennes chroniques portent qu'il fut consacré à sainte Colombe en mémoire de ce que cette illustre vierge avaient reçu le baptême en ce lieu (1).

Le bourg où il se trouve s'appelait autrefois Vienne-la-Belle ; mais depuis il a pris le nom de Sainte-Colombe, et cela, disent encore les traditions, parce que cette grande sainte serait demeurée quelque temps dans ces contrées.

Lorsqu'en 1626, Octave de Bellegarde, archevêque de Sens, se transporta à l'abbaye de Sainte-Colombe pour extraire de la châsse de notre Sainte une parcelle de ses reliques que

(1) Chorier, *Antiquités de Vienne*, page 130.

les religieux accordaient au monastère de Sainte-Colombe-lez-Vienne, il fait mention de ce même fait dans son procès-verbal.

Si nous ajoutons maintenant que sainte Colombe est la seule des saintes de la Gaule qui figure dans le *Missel mozarabe*, de saint Isidore de Séville (601), et avec une messe propre, laquelle relate une partie des circonstances de son martyre, il sera facile de constater l'authenticité de la légende que nous venons de rapporter, et qui fait venir sainte Colombe d'Espagne (1).

Nous savons que plusieurs auteurs

(1) Si, partant des Pyrénées pour se rendre à Sens par Vienne, en Dauphiné, on suit les voies romaines, telles qu'elles sont tracées sur la carte de Peutinger, on y trouvera un grand nombre de localités du nom de Sainte-Colombe, par lesquelles notre sainte a dû passer et où sa mémoire est en grande vénération.

auraient préféré qu'elle fût née dans le pays sénonais, où elle termina sa vie par de si glorieux combats ; mais après avoir pesé les documents dont nous venons de parler, il nous a été impossible de nous ranger à cet avis.

D'ailleurs, l'amour de la patrie ne doit pas nous rendre exclusifs, et, s'il a toujours une place réservée dans notre cœur, les autres contrées, cependant, ne nous sont plus étrangères depuis que la foi chrétienne est venue abolir la distinction païenne des Grecs et des Barbares, et réunir les peuples de tous les climats et de toutes les langues dans un même bercail.

La religion catholique embrasse l'univers tout entier, et bien que

Ce fait nous a paru assez grave pour mériter d'être ajouté aux autres preuves qui militent en aveur de la tradition.

sainte Colombe, conduite par la main de la Providence, ait consommé son martyre dans une contrée différente de celle où elle avait vu le jour, c'est toujours la même Eglise qui l'a nourrie dans son sein, la même vérité qui a illuminé son âme sur les collines de l'Ibérie comme dans les forêts des Gaules ; elle a conquis assez de gloire pour illustrer les deux nations, et la France ne perdra rien aux honneurs que lui rendra l'Espagne. Quand une fleur, transplantée par le voyageur, s'épanouit sur une plage éloignée de celle qui l'a vu naître, c'est encore la même terre qui la porte, c'est le même soleil qui, après l'avoir fait germer ailleurs, lui donne et sa brillante parure et ses suaves parfums !

III

SAINTE COLOMBE DEVANT LE TRIBUNAL DE L'EMPEREUR AURÉLIEN

Colombe jouissait donc du bonheur après lequel elle avait si longtemps et si vivement soupiré. Elle avait laissé dans les eaux du baptême la souillure de la faute originelle, et désormais le Seigneur, abaissant sur elle des regards pleins de tendresse, pouvait lui dire : *Vous êtes toute belle, ô ma Colombe, et il n'y a pas de tache en vous* (1).

Eclairée, comme elle l'était, des lumières de l'Esprit divin, elle comprenait combien elle avait gagné en échangeant son titre de noblesse pour tous ceux qui venaient de lui être

1) Cant. des Cant., ch. IV. v 7.

donnés par la grâce de la régénération, puisqu'elle était devenue membre de l'Église, fille de Dieu, temple
du Saint-Esprit et sœur de Jésus-
Christ. Mais ces grâces devaient être
bientôt suivies de nouveaux sacrifices
que le Seigneur allait exiger d'elle,
en lui inspirant de s'éloigner encore
davantage de sa patrie.

« Apprenant donc que le culte de la
religion chrétienne florissait à Sens
plus qu'en aucun autre lieu des Gaules, elle y vint avec ceux qui l'ac-
compagnaient, et là ils se livraient
tout entiers aux veilles, aux prières,
aux jeûnes et à la visite des tombeaux des saints (1). »

On comprend qu'il s'agit ici de
saint Savinien, de saint Potentien et
de leurs illustres compagnons, que le

(1) Seconde légende.

pays sénonais révère avec amour, parce qu'ils sont nos pères dans la foi. Envoyés par les apôtres eux-mêmes, ainsi que l'attestent la tradition et la liturgie, ils ne se contentèrent pas de jeter sur cette terre idolâtre les semences de la foi, mais ils l'arrosèrent de leur sang, qui fit germer une abondante moisson d'âmes chrétiennes, dontla ferveur était si grande dans ces premiers siècles, que la bonne odeur s'en était répandue jusque dans les contrées voisines. C'était là ce qui attirait les pèlerins, qui venaient prier sur la tombe des amis de Dieu, dans cette crypte sacrée, que nous possédons encore, et que l'on peut regarder, à juste titre, comme le lieu le plus digne de notre vénération, puisqu'il a été le berceau de la religion dans nos contrées.

Mais un si grand nombre d'étrangers, menant un tel genre de vie, ne manqua pas d'attirer l'attention des habitants de la ville et d'exciter la susceptibilité des païens. Aussi, à peine l'empereur Aurélien fut-il arrivé dans la ville de Sens, « où il fit son entrée le 8 des calendes de janvier, jour où la religion honore et vénère la naissance de Notre-Seigneur Jésus-Christ, qu'on lui dénonça ces nouveaux chrétiens (1). »

Ce n'était pas la première fois que ce prince venait dans la Gaule, ni la première fois non plus qu'il répandait le sang des disciples de Jésus-Christ. Déjà, en 250, étant gouverneur de la ville de Troyes, il avait ordonné la mort de plusieurs chrétiens, entre autres du saint martyr Patrocle. Il revint ensuite dans nos contrées, en

(1) Ancienne légende.

273 (1), pour y recevoir la soumission
de Tétricus, qui l'avait appelé secrète-
ment. De retour à Rome, il y reçut les
honneurs du triomphe , et ce fut à la
suite de ces brillants succès, dont la
gloire l'enivrait encore , qu'il passa
une troisième fois dans les Gaules,
l'an 274, comme il a été dit plus haut,
et qu'il exécuta lui - même les édits
de proscription qu'il avait lancés
contre les chrétiens.

Colombe, Béate, Sanctien et les autres qui les avaient suivis, environ
au nombre de vingt, comparaissent
donc devant l'auteur de la neuvième
persécution. « Aurélien s'informe
avec soin de leur conduite ; mais, les
trouvant fermes et inébranlables dans
la profession de la religion chré-

(1) Epoque du martyre de saint Prisque et de
saint Cot, dans l'Auxerrois.

tienne, il ordonne qu'ils seront mis à mort après avoir été tourmentés par les plus affreux supplices. Colombe, cependant, fut exceptée. Le tyran connaissait la noblesse de son origine (1); il avait remarqué la rare beauté, l'air de grandeur qui la distinguaient, et il espérait bien que la vue des supplices où les autres allaient mourir sous ses yeux fléchirait sa constance. »

Suivons nos généreux martyrs jusqu'au lieu qui doit être témoin de leurs derniers combats. Allons mêler quelques larmes d'admiration au sang dont ils vont abreuver cette terre qui doit faire germer dans la suite un si grand nombre de chrétiens!

C'est à un mille environ au nord-est de la ville de Sens, près du che-

(1) Quelques traditions portent qu'elle était la fille d'un prince de Saragosse. *(Cæsar Augusta.)*

min qui conduit au village de Sali-
gny, que s'accomplit leur martyre.
Pour en perpétuer la mémoire, une
église fut construite en ce lieu, en
l'honneur de sainte Béate ; autour se
forma bientôt un village qu'on appela
Sancy, du nom de Sanctien ; mais il
fut détruit dans la suite, au milieu des
guerres qui, au XIᵉ siècle, désolaient
ces contrées. Cependant, l'église fut
respectée, et nous la voyons porter le
titre de prieuré de Saint-Sanctien et de
Sainte-Béate avant le treizième siècle,
époque où elle fut incendiée et son
prieuré complètement ruiné; mais une
chapelle y fut bientôt reconstruite. De
pieux ermites continuèrent la tradition du culte de sainte Béate, de saint
Sanctien et de leurs compagnons,
et, tous les ans, une foule innombrable
de fidèles y venaient en pèlerinage, au

2.

jour de la fête de nos saints martyrs.

En 1793, la chapelle de Sainte-Béate fut vendue, comme les autres biens ecclésiastiques ; mais un respectable prêtre, dont le nom est encore en vénération dans les pays d'alentour, M. Varin de la Mare, en fit l'acquisition. Il l'embellit autant que le lui permirent ses modestes revenus et construisit auprès une modeste habitation où il demeura jusqu'à sa mort, joignant à la vie solitaire l'exercice de la plus tendre charité. De tous côtés on affluait vers sa cellule pour y recevoir les enseignements de la vérité, les consolations de la foi et la grâce des sacrements. Mais il n'est plus, ce vénérable gardien de la terre des martyrs, et, en 1845, le triste état où se trouvait cette chapelle inspira à l'auteur d'une *Histoire de*

Sens des réflexions trop justes pour que nous ne lui demandions pas la permission de les transcrire ici : « Admirable puissance des souvenirs ! La chapelle Sainte-Béate est encore debout, sans doute relevée plusieurs fois par les fidèles ; elle tombe en ruines, et l'indifférence de notre siècle laissera le temps la détruire sans qu'une main charitable et pieuse vienne l'empêcher de périr ; et, dans quelques siècles, on saura tout au plus, par les récits, qu'elle a existé là où nous la voyons encore aujourd'hui. Mais, ce champ des martyrs, le peuple vous le montrera encore. Il n'a pas perdu le nom que lui a imprimé la mort cruelle infligée à d'innocentes victimes. Il entoure la chapelle, et, dans mille ans, il constatera encore un fait qui datera de plus de trente siècles (1). »

Il y a sept ans à peine que l'auteur écrivait ces lignes, et déjà se sont accomplies les tristes prévisions qu'elles les renferment. Nous avons voulu visiter nous-même ce lieu de pèlerinage, et c'est à peine si nous avons pu en découvrir l'emplacement. Là où nos aïeux avaient construit une église et fondé un village en l'honneur de ces illustres défenseurs de la foi, là où nos pères avaient encore conservé une humble chapelle, nous, leurs enfants, les héritiers de leur foi, nous y avons laissé passer la charrue ! Sera-t-il dit que nous n'élèverons pas au moins une simple croix sur cette terre sanctifiée par les prières de seize siècles et le sang des martyrs !

(1) *Histoire de la ville de Sens,* par M. H. de Lavernade.

IV

SAINTE COLOMBE EN PRISON
ELLE COMPARAIT DE NOUVEAU

Notre jeune héroïne avait été témoin de la mort cruelle de ceux qui l'avaient suivie et dont on l'avait séparée dans ces dernières épreuves. Ne pouvant donc, malgré ses désirs, mêler son sang à celui qu'ils répandaient si généreusement, elle s'excitait à persévérer jusqu'à la fin, se promettant, avec la grâce de Dieu, d'imiter leur constance.

Ce n'était point là, cependant, ce que se promettait Aurélien, et, afin de donner à Colombe tout le temps de réfléchir sur ce qu'elle avait vu et sur le sort qui l'attendait si elle ne se rendait pas à ses désirs, il la fit jeter en prison. Une tradition constante place au milieu de la ville ce cachot souterrain, sur lequel la piété des fidèles éleva une des premières églises construites en l'honneur de notre sainte, celle de *Sainte-Colombe-la-Petite*.

Que se passa-t-il dans cette obscure demeure? Qui nous dira la ferveur des prières de la vierge chrétienne et la visite de Celui qui descend dans les prisons pour consoler les justes? Tout ce que nous pouvons savoir, c'est que Colombe y puisa une nouvelle énergie pour soutenir de nouveaux combats.

« L'empereur, l'ayant donc fait comparaître de nouveau, elle se présenta sans fiel et avec une noble simplicité devant le tribunal du tyran, conservant ainsi l'autorité de son rang. »

Aurélien, jetant sur elle un regard irrité, lui dit :

« — Quel est ton nom ?

« — Je m'appelle Colombe, fortifiée « que je suis par l'amour du Christ.

« — Ta première réponse donne « déjà prise contre toi ; pourquoi te « laisses-tu tromper par une fausse « croyance ?

« — Je ne saurais croire à un autre « Dieu qu'à celui qui, à l'origine du « monde nous a créés à son image ; et « en son fils unique Notre-Seigneur, « qui s'est fait voir sur la terre pour « notre salut, que nous croyons avoir « souffert sous Ponce-Pilate, et qui, « après sa résurrection, a éclairé son « Eglise par la venue du Saint-Esprit ; « je confesse qu'il est vrai Dieu avant

« les siècles et qu'il a pris dans le
« temps la véritable forme et l'image
« de l'humanité.

« — Ne connais-tu pas nos dé-
« crets ?

« — Lesquels?

« — Que tous les chrétiens, aban-
« donnant leur superstition, se pré-
« sentent devant moi, chef du gou-
« vernement des hommes, et adorent
« mes dieux. »

« La vierge répondit : « Les dieux
« faits de la main des hommes péri-
« ront avec ceux qui les adorent ; ce
« sont des inventions du démon ; ils
« n'ont ni sentiment, ni mouvement ;
« on ne doit pas les adorer, mais bien
« plutôt les brûler, de peur que la
« persuasion du démon, cette fausse
« vénération, n'entraîne à eux le
« cœur des insensés. Pour moi, je

« dois adorer et vénérer le Seigneur,
« mon Dieu, le Christ, qui daigne me
« promettre la vie, qui voit les anges
« soumis à son empire dans le ciel, et
« tous les éléments trembler devant
« lui. »

Aurélien, la voyant inflexible, eut recours aux promesses les plus flatteuses et fit briller devant elle tous les avantages et toute la gloire d'une illustre alliance, l'assurant qu'à cause des charmes de sa beauté et de la noblesse de son origine, chacun, dans son palais, s'empresserait d'obéir à sa voix ; puis il ajouta : « Quelle per« versité pourrait encore te retenir « dans ton obstination ? »

« — Il ne m'est pas difficile de mé« priser la perfidie de vos promesses,
« quand je me rappelle les exemples
« de l'Evangile : l'antique ennemi dont

« vous suivez les traces attaqua mon
« maître par trois tentations, et, le
« conduisant sur le sommet d'une
« montagne élevée, lui montra tous
« les royaumes du monde, ainsi que
« sa gloire, et lui dit : *Si, tombant à*
« *mes pieds, tu veux m'adorer, je te*
« *donnerai toutes ces choses.* »

« Mais le Seigneur lui répondit :
« *Retire-toi, Satan, car il est écrit :*
« *Tu adoreras le Seigneur, ton Dieu,*
« *et tu ne serviras que lui seul.*

« A son exemple, vous employez
« toutes sortes de moyens pour me
« faire participer à votre damnation ;
« vous voudriez, ô tyran ! me séparer
« de l'amour de Jésus-Christ, mon
« céleste époux ; mais vous ne par-
« viendrez jamais à m'arracher à ses
« éternels embrassements. Et vous,
« qui, par ces fiançailles, voudriez

« m'entraîner dans la corruption d'un
« amour terrestre, vous méritez des
« supplices éternels, avec le démon,
« dont vous suivez les inspirations,
« et que vous croyez faussement être
« Dieu, à moins qu'avant le passage
« de la première mort vous n'apaisiez
« le Christ, mon Seigneur, par la
« confession de la foi. Pour moi, je
« me sens destinée à un royaume
« éternel, car jamais les biens passa-
« gers que vous promettez ne pour-
« ront me détourner de l'amour de
« mon Dieu; liée comme je le suis à
« un époux éternel, comment pour-
« rais-je subir les lois d'un homme
« mortel ?

« — Les paroles viennent avec
« une extrême abondance, dit l'em-
« pereur; mais enfin, si tu ne sacri-
« fies point à mes dieux, comme je

« te l'ai dit, il n'y aura plus désor-
« mais de trève pour toi, je te ferai
« déshonorer et tu périras au milieu
« des flammes. »

« — Dieu est assez puissant, ré-
« pond Colombe, pour protéger sa
« servante, la conserver pure et la
« conduire à la palme de la virginité.
« Je suis prête, pour confesser son
« nom, à affronter toutes les embû-
« ches et tous les tourments que
« vous voudrez me faire souffrir,
« afin qu'il daigne me couronner en
« présence des habitants de la cour
« céleste, et me compter au nombre
« de ses martyrs. »

V

SAINTE COLOMBE PRÉSERVÉE DES FLAMMES PAR UNE PLUIE MIRACULEUSE

Aurélien, voyant qu'il ne pouvait rien obtenir, ni par les promesses, ni par les menaces, entra en fureur et ordonna que Colombe fût chargée de chaînes et conduite à l'amphithéâtre (1) pour y être sévèrement gardée dans une étroite prison. Puis,

(1) L'amphithéâtre gallo-romain de Sens, dont l'existence était encore un problème il y a quelques années. est situé dans la partie du faubourg Saint-Savinien qui porte encore le nom de *Clos-des-Arènes* ou de *Champ-des-Chrétiens* ; deux noms que les habitants de cette partie de la ville lui appliquent indifféremment. Il a la forme elliptique des monuments de ce genre... Les fouilles exécutées par les soins de la Société archéologique de Sens ont amené d'intéressantes découvertes.

(Extrait d'une notice de M. Lallier.)

ayant fait chercher un jeune homme de mœurs infâmes : « Va, lui dit-il, où est renfermée la vierge Colombe ; je te l'abandonne. » Rempli d'une joie brutale en entendant ces paroles, il court à l'amphithéàtre, et déjà il était près des portes du cachot, lorsque la jeune chrétienne, jetant sur lui un regard plein de dignité, lui dit : « Pourquoi, jeune homme, vous
« avancez-vous ici avec tant de féro-
« cité? Retenue par la faiblesse de
« mon sexe, je ne saurais lutter con-
« tre vous, mais voici que j'invoque
« mon Seigneur et mon époux Jésus-
« Christ, qui peut m'arracher à vos
« pièges et à vos violences. »

Cependant, comme la porte était ouverte, il entre; mais la vierge chaste et courageuse le repousse en lui disant : « Ecoutez, jeune homme,

« et préparez votre cœur à ce que je
« vais vous dire : Mon Seigneur et
« mon Dieu, que je me suis engagée
« à servir par la pureté de mes
« mœurs, ne permettra pas que je
« tombe dans l'ignominie. Prenez
« garde que la vengeance divine ne
« vous frappe tout-à-coup, à l'instant
« même et que vous ne soyez la proie
« d'une mort éternelle. »

Ces paroles qui avaient fait recu-
ler d'effroi le corrupteur, étaient à
peine achevées qu'une ourse, envoyée
par la Providence au secours de la
vierge, entre dans la prison, saute
sur le jeune homme, le renverse à
terre, et, le tenant sous ses griffes,
regarde Colombe en frémissant, pour
savoir d'elle ce qu'il fallait faire. Colombe, sachant que c'est pour sa
défense que cet animal est envoyé de

Dieu, lui ordonne, au nom du Christ, de n'exercer aucune vengeance sur ce jeune homme et de le laisser, afin qu'elle puisse lui parler; l'ourse obéit aussitôt à la voix de la vierge Colombe, et, lâchant sa proie, elle va se mettre en travers de la porte, comme pour l'empêcher de sortir et pour arrêter ceux qui voudraient entrer.

La bienheureuse vierge, reprenant alors la parole, lui dit : « Vous devez « comprendre maintenant quelle puis- « sance se trouve dans l'invocation du « nom du Christ, puisque vous voyez « que cette bête féroce a été envoyée « par le Seigneur pour me défendre « et repousser vos infamies. Elle obéit « à son Créateur, elle, créature irrai- « sonnable; et vous, homme créé avec « la raison, vous êtes éloigné de la con- « naissance du Christ. Eh bien, main-

« tenant, promettez que vous allez de-
« venir chrétien, ou bien, si vous le
« refusez, je donnerai à cet animal la
« permission de vous dévorer. »

Alors le jeune homme, pénétré de componction, fait éclater sa foi par ces paroles : « *Que celui qui ne con-*
« *fesse pas le Christ ne sorte point*
« *d'ici avec la vie; quant à moi, je*
« *confesse hautement qu'il n'y a point*
« *d'autre Dieu que celui auquel la*
« *bienheureuse Colombe fait profes-*
« *sion de croire...* »

Lorsqu'il eut achevé ces paroles, l'ourse laissa libre la porte du cachot, qu'elle paraissait garder par ordre de Dieu, et lui donna la liberté de sortir.

Transporté de joie de se voir ainsi sauvé, ce jeune homme s'en allait par toute la ville, criant qu'il n'y avait pas d'autre Dieu de l'univers que celui pour le nom duquel la bienheureuse Colombe endurait tant et de si grands tourments, et il racontait toutes les merveilles que le Seigneur avait opérées en sa faveur.

Il paraît qu'il fut martyrisé hors de la ville, à cause de sa fermeté dans la foi. Et cependant l'ourse restait dans l'amphithéâtre pour continuer de protéger Colombe.

En apprenant ces choses, Aurélien, emporté par la colère, ordonna aux soldats d'arracher Colombe de l'amphithéâtre et de l'amener devant son tribunal. Ils la trouvèrent en prières dans sa prison et l'ourse auprès d'elle, ce qui les saisit d'une telle frayeur qu'ils n'osèrent approcher de la sainte et s'en retournèrent dire à l'empereur qu'il leur avait été impossible de l'amener, parce qu'une ourse qui se trouvait avec elle dans son cachot ne les avait point laissé entrer.

Alors Aurélien fit entasser du bois autour des murailles de la prison et ordonna qu'on y mit le feu, afin de faire périr en même temps Colombe et l'ourse qui la protégeait. Cet animal, voyant approcher les flammes peu à peu, et craignant sans doute la mort, se mit instinctivement à pousser des rugissements. Mais Colombe, touchée de pitié pour elle, la rassure de ses paroles, et lui promet que non seulement elle ne périra point par le feu, mais encore qu'elle ne sera point prise et mourra naturellement, parce que toutes ces choses n'arrivaient ainsi que pour la gloire de Dieu. A ces mots, l'ourse vient à plusieurs reprises lécher les pieds de la vierge puissante, puis s'échappant par une ouverture, elle s'enfuit toute tremblante et fend la foule du peuple, regagnant son gîte à travers mille dangers.

Mais Colombe, que deviendra-t-elle au milieu des flammes ardentes qui vont la dévorer ? Content des combats qu'elle a soutenus jusqu'ici, Dieu permettra-t-il que son âme s'élève du milieu de ce bûcher comme un encens d'agréable odeur ? Non ; il n'en sera pas ainsi : Dieu se plaît quelquefois aux épreuves de ses amis, et plus il voit de courage et d'amour dans une âme, plus il permet qu'elle trouve d'occasions de lui en donner d'irrécusables témoignages par un spectacle digne de lui, des anges et des hommes : le spectacle d'une âme pure aux prises avec l'adversité. Il ne veut ni la malice, ni les crimes des méchants, mais il se sert de leurs actes mauvais, librement accomplis par eux, pour achever la sanctification des justes, et il va même quelquefois jusqu'à opérer des miracles pour prolonger les sacrifices de l'épreuve et centupler la gloire du triomphe. C'est ce qu'il fit dans cette circonstance, car « des nuées s'étant amoncelées au-dessus de l'amphithéâtre, par l'ordre du Seigneur, elles versèrent des torrents d'eau qui éteignirent les flammes de l'incendie. » C'est en mémoire de ce fait miraculeux que nous adressons cette belle prière à Dieu au jour de la fête de notre sainte : « *Mon Dieu, qui avez bien voulu envoyer du ciel une pluie abondante pour éteindre les flammes dont la bienheureuse Co-*

lombe, vierge et martyre, était environnée, nous vous prions de nous envoyer par son intercession, la rosée salutaire de votre miséricorde, pour nous garantir des traits enflammés de l'ancien serpent. »

IV

L'empereur, informé de tout ce qui
se passait, ne put s'empêcher d'être
frappé de stupeur; mais au lieu d'y
reconnaître les œuvres merveilleuses
de la divine Providence, il persévéra
dans l'endurcissement de son cœur,
et, faisant appeler de nouveau Colombe devant lui :

« Quel est donc ton secret, lui dit-
« il? Quels sont les maléfices dont tu
« te sers pour opérer de pareils en-
« chantements, pour faire accourir
« avec tant de promptitude une bête
« féroce à ton secours, et obtenir

« qu'une pluie abondante vienne
« éteindre l'incendie qui t'était pré-
« paré? Par quelle puissance peux-tu
« donc ainsi l'emporter sur moi?

« — O infortuné! reprend Colombe,
« il faut que ton cœur soit bien aveu-
« gle pour que les miracles de la puis-
« sance divine ne t'excitent point à
« reconnaître le Christ. Tu me crois
« armée des enchantements du dé-
« mon, parce que toi-mème tu n'as de
« puissance que par lui; mais non, je
« ne connais point de maléfices; j'a-
« dore le Christ, fils du Dieu tout-
« puissant; c'est lui qui est mon
« amour, mon époux et l'ami de mon
« âme; c'est lui qui fait mon bonheur
« et les saints transports de ma joie;
« j'invoque Jésus dans mes tribula-
« tions, et il daigne m'exaucer. »

L'empereur lui dit : « Je t'avais

« déjà sommée de ne plus employer
« l'autorité de ce nom. »

Colombe répondit : « Loup ravis-
« sant, qui ne cesses de déchirer le
« troupeau de Jésus-Christ par les
« coups de ta fureur et par des mor-
« sures empoisonnées, que tes paroles
« soient avec toi et que les fils de la
« mort obéissent à tes ordres; car ja-
« mais tu ne feras chanceler une fille
« de la lumière. Tyran infidèle, fils du
« démon, je t'abandonne mon corps
« pour y exercer tous les genres de
« tourments; quoique je ne sois qu'une
« jeune fille délicate et faible, néan-
« moins, Dieu et mon Sauveur aidant,
« je triompherai de tes supplices. »

A ces mots, Aurélien, transporté
d'une indicible fureur, ordonne aux
bourreaux de la frapper à coups de
verges, de la déchirer avec des pei-

gnes de fer et de la conduire à la première borne milliaire, hors de la ville, afin qu'elle ait la tête tranchée par le glaive.

Mais avant d'être emmenée de la présence d'Aurélien, la bienheureuse Colombe eut la force de lui dire :

« Je ne redoute point ta sentence
« de condamnation, j'achèverai mon
« martyre avec une nouvelle ardeur.
« Notre Seigneur et Rédempteur nous
« y exhorte dans son Evangile : *Celui,*
« nous dit-il, *qui aime son âme la per-*
« *dra, et celui qui perdra son âme à*
« *cause de moi la trouvera pour la vie*
« *éternelle.* Mais aussi ce n'est qu'en
« tremblant que je pense à cette sen-
« tence du jugement futur que le
« Christ prononcera contre les im-
« pies : *Retirez-vous de moi, mau-*
« *dits, allez au feu éternel que mon*

« *Père 'a préparé au démon et à ses*
« *anges.* C'est à mériter d'aller rece-
« voir cette sentence que tu travailles
« sans relâche, pour ne plus cesser
« ensuite d'être le compagnon de Sa-
« tan et de ses anges dans ces flammes
« éternelles. Cette condamnation que
« tu portes contre moi me paraît bien
« petite et bien légère en comparaison
« de cet éternel supplice. Car bien que
« tu puisses séparer mon âme de mes
« membres, cependant, après l'exécu-
« tion de mon corps, personne n'aura
« de pouvoir sur mon âme, si ce n'est
« celui qui l'a mise en émoi, et après la
« résurrection future, il peut la rap-
« peler de nouveau dans mes membres
« réunis par sa puissance. Toi donc,
« qui es sans Dieu et qui comprends
« la méchanceté de tes œuvres, re-
« garde attentivement mon visage, et

« lorsque devant le tribunal du Christ,
« je viendrai t'accuser, tu te souvien-
« dras alors, en présence de mon
« époux, de quelle gloire tu m'as cou-
« ronnée par les mêmes choses qui te
« préparent à toi des peines éter-
« nelles. »

Après ces paroles, la sentence ayant été prononcée, les ministres de la mort obéirent aux ordres du cruel empereur.

Contemplons maintenant cette jeune vierge chrétienne, portant sur son visage le calme et la sérénité de l'innocence, marchant avec courage au lieu du supplice, environnée de gardes, ou plutôt de tigres inhumains qui la tiennent enchaînée. Une foule nombreuse les accompagne; les uns vont satisfaire le féroce plaisir qu'ils éprouvent à voir couler le sang hu-

main, spectacle auquel ils sont habi-
tués dans les cirques et les amphithéâ-
tres ; les autres vont applaudir au
prétendu triomphe de leurs dieux ;
ceux-ci ne sont conduits que par un
vague sentiment de curiosité ou de
pitié naturelle pour une victime si
jeune encore ; enfin, ceux-là sont des
frères qui vont être témoins des derniers combats et des dernières victoi-
res de la jeune martyre, afin de nous
en conserver le souvenir et de puiser
dans son exemple le courage de mourir, eux aussi, pour la foi, si Dieu
leur demandait ce sacrifice.

« Lors donc qu'ils l'eurent conduite au lieu désigné, Colombe, au
moment de recevoir le coup fatal, demande quelques instants, afin d'adresser à Dieu sa prière avant de sortir de
cette vie. Mais ces farouches exécu-

teurs lui refusèrent tout délai ; elle
suspend sa prière pour leur offrir,
avec une pieuse supplication mêlée de
larmes, le manteau neuf qu'elle portait, en leur disant : « Recevez ceci et
« accordez – moi la permission de
« prier. »

« Gagnés par ce présent, ils lui
donnent la permission qu'elle demandait. Alors la bienheureuse Colombe,
se prosternant contre terre et s'épan-
chant tout entière dans le Seigneur,
priait, en disant : « *Seigneur Jésus-*
« *Christ, tout puissant, vous savez que*
« *c'est pour la confession de votre nom*
« *que je souffre ces tourments, prêtez-*
« *moi le secours de votre bonté, ô im-*
« *mense, ô miséricordieux, de peur*
« *que la seconde mort, c'est-à-dire la*
« *peine éternelle, n'ait puissance sur*
« *moi ! Mais faites que, soutenue par*

« *vos miséricordes, je sois destinée à*
« *la gloire éternelle.* »

« A l'instant même, cette fervente
prière pénétra dans les mystérieuses
profondeurs, et une voix divine se fit
entendre, qui disait : « *Viens, Co-*
« *lombe, les cieux te sont ouverts; le*
« *chœur des esprits célestes et le chœur*
« *des vierges, remplis de joie, s'avan-*
« *cent à ta rencontre; le Fils de Dieu*
« *t'attend et te prépare la couronne de*
« *l'éternité; les Anges te recevront et*
« *te conduiront dans la cité des Saints,*
« *dans la Jérusalem céleste.* »

« Puis, en même temps qu'elle pré-
sentait sa tête au fer du bourreau,
elle imita encore l'exemple du Maître,
en disant : « *Vous savez, Seigneur,*
« *que les désirs que j'éprouvais de vous*
« *témoigner mon amour sont aujour-*
« *d'hui remplis; ne leur imputez pas*

« *cette fureur, parce qu'ils pèchent* » *contre vous par ignorance.* »

« Ces dernières paroles résonnaient encore sur ses lèvres quand sa voix fut interrompue sous les coups du bourreau, dont le glaive lui trancha la tête. Et ainsi cette illustre martyre, baignée dans son sang virginal, s'envola joyeuse pour la vie éternelle! » Ce fut le 31 décembre de l'an de grâce 274 qu'arriva cette mort glorieuse, et c'est en ce jour aussi que la fête principale de sainte Colombe a été constamment célébrée (à moins de circonstances particulières) dans les pays, les monastères et les églises qui la reconnaissent pour patronne.

VII

Ce lieu, sanctifié par le sang de l'une des premières martyres des Gaules, se nomme *Fontaine d'Azon* et se trouve entre les villages de Saint-Clément et de Saint-Denis, à quelques pas de l'endroit où passait autrefois la voie romaine, que l'on appelle encore aujourd'hui, dans le pays qu'elle traverse, de Sens à Meaux, *voie fer-rée* ou *pétrée*, et qu'une très ancienne chronique désigne sous le nom de voie *Appienne*.

Tous les ans, le mercredi de la fête de Pâques, on voyait accourir de la ville et de tous les pays d'alentour, de

4

nombreux pèlerins qui venaient demander à Dieu quelques faveurs par la puissante intercession de Colombe, et puiser de hautes leçons de vertu dans les souvenirs d'innocence et d'héroïsme que leur rappelait l'image de la vierge martyre placée dans ce lieu par la piété de nos pères. Là, en effet, près de cette fontaine, s'élevait une chapelle solitaire, où de temps en temps s'offrait le sacrifice par excellence, qui a été le modèle et qui a fait le mérite du sacrifice de sainte Colombe et de tous les autres martyrs.

Avec quelle ferveur et quelle simplicité on devait adorer Dieu et honorer sa servante auprès de ce sanctuaire vénéré! Dans son étroite enceinte, où s'élevait un autel surmonté de la statue de Colombe, il n'y avait place que pour le prêtre et ses ministres ; mais au dehors une foule immense, que n'aurait pu contenir un édifice bâti par la main des hommes, couvrait au loin la plaine dans l'attitude de la piété la plus respectueuse. Là, on ne voyait d'autre tapis que le gazon du printemps ; le parfum des fleurs servait d'encens, et les voûtes du temple étaient naturellement formées par les arbres élevés, qui, comme autant de colonnes, étendaient leurs branches en forme d'arceaux ornés de verdoyants feuillages. Oh ! qui nous donnera de revoir ces beaux jours où la piété des peuples, s'exaltant à ces ravissants spectacles, leur rendait moins durs les inévitables déplaisirs de la vie ! Pourquoi a-t-on fait disparaître du sol si chrétien de la France ces signes sacrés de la foi, que nos aïeux avaient placés près des chemins pour soutenir le courage et ranimer les espérances de l'homme voyageur ici-bas ? Hélas ! elle a disparu aussi, comme tant d'autres monuments chrétiens, cette chapelle de la fontaine d'Azon, elle est tombée sous les coups du marteau révolutionnaire ; il n'en reste plus de traces visibles. Cependant, ce pieux sanctuaire datait de la plus haute antiquité ; il en est fait mention comme prieuré au quatorzième siècle, et il y fut reconstruit au seizième, comme le prouvent ces lignes tirées de la chronique du monastère :

« L'an 1553, le uendredi de deuant la Pentecoste, dix-neuvième de may, la chapelle près la fontaine d'Aazon, fondée en l'honneur de Mme sainte Colombe, vierge et martyre, par honorable homme Louys des Hayes, marchand de Sens, et sa femme, et le cimetière d'ycelle chapelle, furent benits, consacrez, par Reverend Père en Dieu André Richer, Euesque de Calcédoine, vicaire et suffragant de Monsieur le Cardinal de Bourbon, Archeuesque de Sens. »

« C'est de là que l'écusson dudit Cardinal a été placé sur la porte de la chapelle. »

Hâtons-nous d'ajouter que depuis l'époque où ce livre parut pour la première fois, bien des choses se sont accomplies en l'honneur de notre sainte. Cette fontaine, si chère à la piété des fidèles, dont les eaux ont été teintes du sang de la vierge et martyre sénonaise, cette petite parcelle de terre où se sont passées tant de choses mémorables, nous avons eu le bonheur de les rattacher au monastère dont elles avaient été séparées par la révolution. Le prix d'acquisition a été payé par une personne dévouée au culte de sainte Colombe, que Dieu récompensera, nous l'espérons, par l'accomplissement de ses pieux désirs. L'ancien propriétaire lui-même a voulu contribuer pour sa part à la restauration des murs de la fontaine. Mais là ne se bornent pas nos espérances : comme au seizième siècle, nous en avons la douce confiance, quelque famille chrétienne voudra laisser aux siècles futurs un témoignage de sa piété envers sainte Colombe, en faisant relever la chapelle du martyre, pendant que d'autres feront sortir de ses ruines l'église du tombeau. Alors les habitants de la ville et des campagnes se rendront plus fidèlement encore qu'ils ne le font

tous les ans à la fontaine d'Azon.
Mais ce ne sera plus, comme aujour-
d'hui, une simple promenade sans but
religieux, ce sera, comme autrefois,
un véritable pèlerinage inspiré par
une douce confiance !

VIII

SÉPULTURE.
MIRACLES QUI L'ACCOMPAGNENT.

Nous avons assisté au triomphe de la vierge chrétienne et nous avons admiré une fois de plus avec l'Eglise, « comment, parmi les autres miracles de sa puissance, Dieu a su enrichir aussi un sexe fragile de la victoire du martyre. »

Nous avons suivi jusqu'au ciel l'âme pure et glorieuse de la servante de Dieu, et à travers les ombres transparentes de la foi, nous l'avons vue recevoir, au milieu des Anges, par la main de la Reine des Vierges et des Martys, la couronne immortelle, où les lys brillent à côté des roses.

Mais que sont devenues sur la terre ses dépouilles mortelles, ce corps qui avait été un temple si pur de l'Esprit de Dieu ? Comment ces restes sacrés ont-ils été ensevelis dans le lieu où depuis on les a constamment honorés ? L'ancienne légende n'en dit rien. « A défaut donc de manuscrits, dit le R. P. Bureteau, que nous allons suivre dans ce chapitre, et ne pouvant supporter sans peine une pareille absence de documents, je me mis à chercher avec une persévérante sollicitude les moyens de combler cette lacune. Je m'informai donc des traditions les plus généralement reçues ; je consultai les peintures et les sculptures les plus anciennes ; j'interrogeai les monuments et les inscriptions les plus authentiques, et alors s'est vérifié ce que dit l'Ecriture, que celui qui cherche, trouve.

Voici, en effet, ce que j'ai découvert :

« Au temps du martyre de sainte Colombe, vivait, dans un château très agréablement situé, au milieu d'une belle plaine, sur la rive droite de l'Yonne, à un mille au nord de la cité, un prince d'une illustre famille, nommé *Aubertus*, qui était général de la région sénonaise. Soit à cause de ses crimes *(car il était encore idolâtre)*, soit pour mieux faire éclater la gloire de Dieu et la puissance de sainte Colombe par la guérison de cette infirmité, depuis longtemps déjà il était privé de la vue.

« En effet, le bruit des merveilles (1) qui s'opéraient autour du corps

(1) La découverte de ces restes précieux était représentée en bas-relief, au-dessus de la principale porte de l'abbaye. On y voyait, au milieu d'épaisses broussailles, sur le bord d'une fontaine,

de la vierge chrétienne, que les bourreaux avaient laissé sans sépulture,
afin qu'il devint la proie des bêtes
sauvages, parvint bientôt jusqu'à lui.

« A cette nouvelle, son âme est
subitement éclairée par le Saint-Esprit, *qui ne connaît ni lenteur ni re-
tard,* et il conçoit en même temps
l'espérance de recouvrer le bienfait
de la vue. Il se fait donc conduire à
cette fontaine sacrée (1), et, fléchis-
chissant les genoux, il se prosterne à
terre de la manière la plus suppliante

le corps de la vierge chrétienne, séparé de la tête,
et tout auprès, un bœuf, appuyé sur les genoux,
comme un animal raisonnable qui eut vénéré ce
corps sacré ; de chacune de ses cornes s'élevait une
lumière semblable à un flambeau ; un peu plus
loin, on apercevait un des gardiens du troupeau
d'Aubertus, qui considérait ce spectacle dans l'attitude du plus profond étonnement

(1) Il paraîtrait que cette fontaine était réputée
sacrée chez les païens, et c'est parée qu'elle a été
purifiée par le sang de notre martyre, que les
chrétiens eurent pour elle, dans la suite, une si
grande vénération.

et vénère profondément le corps de la vierge martyre, d'où s'exhalait la plus suave odeur ; puis, prenant du sang, dont la gloire de sa passion l'avait décorée, il en touche avec foi, piété et religion, ses yeux éteints, et recouvre à l'instant la vue. Tous les assistants sont dans la stupéfaction et la joie, et lui, plein de reconnaissance pour cette faveur divine et pour Colombe, si chère épouse du Christ, il fait transporter ce corps pudique, comme un précieux trésor, dans son propre palais, et l'ensevelit honorablement. Sur la tombe même de la vierge, il fit construire à ses frais une église, mais qui n'était ni aussi grande, ni aussi magnifique que celle que nous voyons aujourd'hui (1). Il donna pour son entretien

(1) Le P. Bureteau écrivait en 1550.

une vaste prairie dont l'emplacement est signalé dans les pièces les plus anciennes sous le nom de *Pré Aubert*, nom qu'elle porte encore aujourd'hui; elle touche presque à la fontaine d'Azon. »

Telle est l'origine du premier monument érigé en l'honneur de sainte Colombe, dans le lieu où elle a été constamment honorée, jusqu'à la fin du siècle dernier, où elle l'est encore aujourd'hui, après quelques années d'interruption. Preuve nouvelle, entre tant d'autres, que le tombeau d'un martyr a presque toujours été le berceau d'une église !

IX

Quand on écrit l'histoire d'un héros de ce monde, la tâche du narrateur ne s'étend presque jamais au delà du cercle de sa vie terrestre ; mais il n'en est pas ainsi quand il s'agit des héros de la Religion ; presque toujours une nouvelle carrière commence pour eux au jour de leur mort ; leurs ossements prophétisent, leur influence sur le monde s'étend chaque jour, et leur mémoire traverse les siècles comme un parfum qui fortifie le cœur, en même temps qu'il réjouit l'âme. Peu de personnes peut-être connaissaient les vertus de Colombe pendant sa vie ; mais combien d'âmes, après sa mort, se sont émues et embrâsées au souvenir de son intrépide courage ! Qui pourrait dire combien, depuis tant d'années, la vue des restes sacrés de notre sainte a inspiré de pieuses pensées et de nobles actions partout où ils étaient vénérés ? Nous écrivons pour des catholiques, nous n'estimons donc pas utile de justifier notre affectueuse vénération pour ces précieuses reliques. On sait assez que l'Eglise a déclaré que le corps des martyrs et des autres saints qui ont été les membres vivants de Jésus-Christ, les temples du Saint-Esprit, et qui sont destinés à ressusciter un jour dans la gloire, doivent être vénérés par les fidèles. L'Ecriture, les pères et les docteurs de l'Eglise sont unanimes sur ce point, et l'histoire, comme le simple bon sens, ne laisse aucun subterfuge à l'hérésie quand il s'agit de cette doctrine. Qui n'a relu avec bonheur les beaux témoignages que nous ont légués les premiers siècles sur la vénération des saintes reliques dans les actes du martyre de saint Ignace et de saint Polycarpe?

Or ce qui se faisait à Rome et à Antioche avait lieu partout ailleurs, en vertu des mêmes principes, et c'est à ce pieux usage que nous devons de posséder encore aujourd'hui les restes sacrés de notre sainte vierge et martyre. Aussi, ce sera pour nous une bien douce consolation de suivre ces précieuses reliques à travers les vicissitudes de tant de siècles. Nous parlerons avec bonheur de la gloire dont elles ont été environnées, des périls auxquels elles ont échappé, des bénédictions dont elles ont été la source, et surtout des monuments érigés en leur honneur.

Parmi les monuments dus à la piété de nos pères envers sainte Colombe, il en est un qui les domine tous par l'antiquité de son origine, sa persistance et sa gloire : c'est le monastère élevé sur sa tombe, près du lieu de son martyre ; on en voit encore aujourd'hui les restes à deux kilomètres de la ville de Sens, dans une plaine agréable et fertile, entre la route de Paris et la rive droite de l'Yonne, sur l'ancienne voie romaine.

Voici ce qui donna lieu à sa fondation :

Le triomphe éclatant qu'avait remporté une jeune vierge, à peine âgée de dix-huit ans, sur le puissant empereur des Romains, avait jeté un si vif éclat au milieu de ces peuples, qu'en peu de temps le nom de Colombe remplissait toutes les Gaules et passait même au delà des monts; en sorte que cette sainte martyre devint l'une des plus célèbres dont la mémoire ait été jusqu'ici honorée en France.

Les chrétiens accouraient de toutes parts pour vénérer les restes sacrés de Colombe, qui brillait à leurs yeux par la double couronne du martyre et de la virginité. Dans le principe, les prêtres séculiers attachés à l'église fondée par Aubertus pouvaient suffire aux besoins spirituels et temporels de ces pieux pèlerins; mais, vers le commencement du septième siècle, leur nombre devint si considérable qu'il

fallut songer à y établir un monastère.

Ce fut Clotaire II, roi des Francs,
qui eut la gloire de le fonder, l'an 620.
Il le dota avec une magnificence royale
en lui cédant une terre de son domaine, appelée *Cuy (Cusiacum)*, avec
tous les droits qui en dépendent.

Les chartes données par les rois
Francs, dans les premiers siècles qui
suivirent l'établissement de l'abbaye,
l'enchaînement des faits ainsi que le
témoignage des plus anciens auteurs,
tout s'accorde à fixer à cette époque
la fondation de cet illustre monastère. Et ce fait n'est pas seulement
une preuve éclatante de la dévotion du
roi envers sainte Colombe, mais c'est
encore le plus bel hommage qui lui
ait été rendu dans le cours des siècles ; car c'est de là que partiront dé-

sormais, comme de leur centre, tous les rayons de sa gloire ; c'est dans cette enceinte que retentiront perpétuellement ses louanges, et que les simples fidèles comme les princes, les rois et les Souverains pontifes, lui enverront leurs présents et viendront la vénérer.

En effet, deux ans s'étaient à peine écoulés que saint Didier, évêque d'Auxerre, laissait, par son testament, une terre appelée *Viscla*, qui devait être partagée entre les deux basiliques de Sainte-Colombe et de Saint-Léon, construites auprès de la ville de Sens.

Peu de temps après, l'illustre saint Loup augmentait encore avec magnificence les revenus de cette abbaye, en lui faisant don de la terre de *Sarmaise*, qu'il avait héritée de sa famille. Ce saint archevêque de Sens, aussi simple dans l'élévation que doux et patient dans l'exil ; cet homme fort, qui supporta la calomnie avec tant de courage ; ce bon pasteur, qui aima toujours les pauvres avec une si grande générosité, fut enseveli, au milieu des chants divins et des larmes des fidèles, dans un tombeau creusé sous la gouttière de cet édifice et aux pieds de la sainte, comme il l'avait ordonné lui-même. Il laissait ainsi une preuve éclatante de sa tendre dévotion envers sainte Colombe et de sa profonde humilité. Mais tant de vertus ne tardèrent pas à être récompensées, car il plut à Dieu de révéler la sainteté de son serviteur par les miracles qui s'opéraient sur sa tombe, que l'on plaça bientôt près de celle de la vierge martyre. Désormais ces

deux tombeaux seront inséparables ;
le même temple les couvrira, les mêmes honneurs leur seront rendus, et
ils seront regardés l'un et l'autre
comme les deux plus puissantes pro-
tections du pays sénonais.

Dagobert, marchant sur les traces
de son père, et jaloux de donner
aussi des preuves de sa dévotion envers sainte Colombe, fit don à sa basilique d'une terre appelée *Grand-
Champ*, dans le Gâtinais.

Il fit plus, en nommant pour administrateur des biens de ce monastère,
auquel il portait le plus vif intérêt,
le célèbre saint Eloi, qui fut depuis
évêque de Noyon, et dans lequel le
bon roi avait mis, comme on sait,
toute sa confiance.

Ce fut une véritable consolation
pour cet homme de Dieu de se voir

chargé d'un pareil emploi ; aussi mit-il tous ses soins à enrichir la basili-que de Sainte-Colombe, qu'il combla de mille présents. Parmi les ouvrages qu'il voulut faire de ses propres mains, on distinguait particulièrement une châsse magnifiquement ornée d'argent, d'or et de pierreries, dont les frais avaient été supportés par le roi. Elle fut pillée par les Normands, et il n'en reste plus aujourd'hui que le *feretrum* ou sarcophage qui renferme encore les reliques de la Sainte.

Mais pendant que ce bienheureux administrateur prenait soin du monastère, il se passa un fait qui augmenta considérablement la gloire de sainte Colombe : « Un jour, de grand matin, dit saint Ouen, le gardien de la basilique de Sainte-Colombe, vierge, vint le trouver tout tremblant, et, se jetant à ses pieds, lui apprit que la nuit précédente, pendant qu'il dormait, on avait dépouillé la basilique de tous ses ornements. A cette nouvelle, Eloi fut vivement attristé ; cependant, ayant aussitôt recours à l'espérance, remède de tous les maux, il rassura le gardien avec une grande bonté et se rendit aussitôt à l'oratoire de Sainte-Colombe. Après y avoir fait sa prière, il prononça les paroles suivantes : « Ecoutez, sainte Colombe, ce « que je dis : Mon Rédempteur sait « que si vous ne faites aussitôt rap- « porter dans ce sanctuaire les orne- « ments qu'on y a dérobés, très cer- « tainement je ferai boucher avec des « épines la porte de cette église, de « telle sorte que jamais à l'avenir on « ne viendra plus, à partir de ce jour, « vous rendre hommage en ce lieu. »

« Il dit et se retira ; mais voici que, le lendemain, le gardien de la basilique, s'étant levé de très grand matin, retrouva à leur place, jusqu'au plus petit voile, tous les ornements, que l'on avait rapportés. Alors, accourant avec empressement et aussi joyeux maintenant qu'il était attristé la veille, il apprit à Eloi ce qui venait d'arriver ; celui-ci se rendit sur les lieux, et ayant vu que tout était à sa place comme auparavant, il loua la sainte martyre, et glorifia par-dessus tout et avec une immense joie le nom du Seigneur Jésus-Christ. »

Sans doute que si l'on voulait juger ces paroles d'après les règles inflexibles d'une sévère théologie, on pourrait peut être y trouver quelque chose d'étrange ; mais on comprend que ce n'est ici que l'élan admirable d'une foi aussi simple que vive et l'expression d'une confiance sans bornes. Ce sera, si l'on veut, une sorte d'excès, mais un excès pieux et sublime que l'on pardonne aisément aux saints, qui, semblables à celui dont nous parlons, sont accoutumés à voir les miracles se multiplier sous leur parole.

Cependant, saint Eloi est obligé de s'éloigner de cette chère basilique, tant de fois confidente de ses prières et si magnifiquement ornée des dons de sa piété et du travail de ses mains. Mais, pour se consoler de cette séparation et retracer plus facilement à sa mémoire le souvenir des jours si paisibles qu'il avait passés près du tombeau de sainte Colombe, il emporta quelques parcelles de ses reliques et fit construire une église où elles furent vénérées.

Ainsi se termina glorieusement, pour sainte Colombe, ce septième siècle, que la prévention a si mal jugé et que la véritable science s'efforce de faire sortir des ténèbres où il avait été enseveli jusqu'à nos jours. C'est surtout par le catalogue de ses saints qu'il brille à nos yeux ; le nombre peut en être porté au delà de huit cents, sur lesquels cinq cents appartiennent à l'Eglise de France. Mais où ces âmes d'élite avaient-elles puisé la sève mystique qui les préparait aux vertus sublimes par lesquelles ils ont mérité l'auréole de la gloire ? C'est principalement dans les monastères. Un grand nombre furent fondés à cette époque, comme autant d'oasis au milieu du désert, non seulement pour offrir un asile aux âmes fatiguées des vaines agitations du monde, où elles ne pouvaient trouver un lieu de repos, mais encore pour être comme autant de foyers de lumière dont les rayons répandaient sur ces peuples encore demi-barbares les splendeurs de la vérité. En sorte que l'on peut dire que, pendant ce siècle, la religion continue à déposer sur le sol des Gaules le germe de cette belle civilisation française, qui s'est développée lentement d'abord, mais qui s'est ensuite épanouie avec autant de grâce que de majesté. Nos pères l'ont vue se flétrir au milieu des convulsions de l'anarchie, et nous, selon toutes les apparences, nous sommes destinés, ou à la voir entièrement foulée aux pieds, ou bien *(et puisse le ciel exaucer nos vœux)* à la contempler se relevant et refleurissant de nouveau plus brillante que jamais!

X

Le fait le plus important du neuvième siècle fut la construction d'une nouvelle église qui remplaça, après environ six cents ans, celle qui avait été élevée par la piété reconnaissante d'Aubertus.

« Les religieux, voulant employer à la gloire de Dieu une partie des richesses dont cette abbaye avait été si libéralement pourvue, en l'honneur de sainte Colombe, on songea, vers le milieu du neuvième siècle, à construire une nouvelle basilique, » pour remplacer la première, qui, sans doute, menaçait ruine, et qui, certainement, était devenue trop petite pour le concours des fidèles.

Elle fut solennellement consacrée le 11 des calendes du mois d'août de l'année 853, par Wénilon, archevêque de Sens, en l'honneur de sainte Colombe, vierge et martyre, de saint Loup, confesseur, et aussi de sainte Croix.

Le lendemain de cette consécration, les corps de sainte Colombe et de saint Loup furent levés de terre, c'est-à-dire que les saintes reliques furent retirées de la crypte où elles étaient enfermées, au-dessous du sol de l'église, pour être placées dans un lieu plus élevé. Cette cérémonie s'accomplit avec la plus grande solennité, au milieu d'un immense concours du clergé et du peuple.

Il serait difficile, dans le siècle d'indifférence où nous vivons, de se faire une juste idée de l'enthousiasme que ces événements excitaient dans les populations. L'empressement avec lequel on se rend aujourd'hui à ces brillantes inaugurations de chemins de fer, qui sont la merveille de notre temps, n'a rien qui puisse être comparé au zèle avec lequel les chrétiens du moyen âge accouraient, malgré la difficulté des voyages, à ces solennels triomphes des saints.

Ils n'étaient point guidés, comme on l'est dans nos fêtes civiles, par un simple mouvement de curiosité naturelle ; pour eux, cette démarche était un véritable acte de foi, une aspiration de la plus vive espérance, quelque chose de plus fort encore : c'était un élan de l'amour fraternel le plus noble et le plus pur.

En pareille circonstance, l'enceinte de l'église étant devenue trop étroite pour contenir la multitude, on transportait le sarcophage, avec pompe, au delà de la grande porte du monastère. Là, le prélat officiant, accompagné de plusieurs évêques et des abbés des monastères voisins, élevait vers le ciel et montrait au peuple le chef ou quelques reliques insignes des saints. C'était alors un moment sublime!... Vous eussiez vu cette foule innombrable, qui couvrait la plaine, donner au même instant les marques de la plus profonde vénération et faire éclater dans les airs les acclamations qu'une pieuse allégresse inspirait à tous les cœurs.

On se retirait de ces saintes solennités l'âme fortifiée contre le mal et encouragée à la pratique du bien. N'avait-on pas vu les restes sacrés d'un frère ou d'une sœur qui, en passant sur la terre, y avaient laissé l'empreinte des plus héroïques vertus ? Ne s'était-on pas représenté ces âmes courageuses, dont on se promettait de suivre les exemples, déjà tout enivrées de bonheur, toutes radieuses de la gloire céleste, dans le royaume de Dieu ?

Cette nouvelle église fut, quelques années après, embellie par Betton, un des moines les plus remarquables du monastère. Né à Sens même, il était prévôt à Sainte - Colombe en même temps que Richard le Justicier en était abbé laïque. Avec le secours de ce dernier, il éleva des murailles d'enceinte jusqu'aux créneaux et les protégea par de fortes tours. « Puis, voulant satisfaire aussi sa piété envers sainte Colombe, il s'appliqua à décorer son église et la châsse, où étaient renfermées ses reliques, d'ornements somptueux d'or et d'argent. »

C'est pendant qu'il s'acquittait avec tant de zèle des fonctions de sa charge qu'il fut choisi pour évêque d'Auxerre par les acclamations unanimes du clergé et du peuple. Elevé malgré lui sur ce siège illustré par tant de grands pontifes, il y acheva l'œuvre de sa sanctification.

On avait gardé dans le monastère de Sainte-Colombe un si précieux souvenir de ses bienfaits et de ses vertus, que, dans les siècles derniers, on y avait établi une fête en son honneur.

Quelque temps après, le roi Raoul, fils de Richard le Justicier, fut enseveli dans la même église. « Le 19 des calendes de février (936), dit l'ancienne chronique, l'illustre roi Raoul, qui tenait le sceptre des Francs avec tant de gloire, dans la paix comme dans la guerre, mourut à Auxerre et fut enterré dans le couvent de Sainte-Colombe. »

Il avait fait don à cette abbaye de sa propre couronne et l'avait enrichie de terres et de présents magnifiques, tels que saintes reliques, calices, pierres précieuses, livres décorés d'or et d'argent, et autres ornements.

Taveau avait vu cette sépulture royale, qui fut détruite en 1567, lorsque les troupes du prince de Condé incendièrent l'abbaye. Le roi était représenté sur sa tombe, que supportaient quatre petites colonnes ; au bas étaient gravés ces deux mots : *Radulphus Rex*.

Il paraît qu'avant de prendre les rênes du gouvernement des Francs, Raoul aurait été abbé laïque de Sainte-Colombe.

Depuis l'année 887, époque où les Normands commençaient à désoler nos contrées, on n'avait pas revu les saintes reliques de la vierge martyre. Personne ne savait ce qu'elles étaient devenues au milieu des bouleversements continuels et des ravages de la guerre. Mais Dieu, qui veille sur la cendre de ses saints, ne voulut pas que sa servante fût plus longtemps privée de la gloire qui lui est due, et il se servit de l'un des plus anciens religieux du monastère pour faire connaître le lieu où reposait cet inestimable trésor. Soit qu'il l'eut appris par révélation, durant les continuelles et ferventes oraisons qui sancti-

fiaient les dernières années de sa vie,
soit que sa mémoire lui eût rappelé
les souvenirs de la tradition, ce vénérable vetéran de la vie cénobitique
fit connaître qu'il existait une crypte
creusée sous le pavé de la basilique,
dans laquelle on avait enfoui les saintes reliques, pour les soustraire aux
ravages incessants des païens. Aussitôt on avertit l'archevêque de Sens,
Archambaut, qui se rendit avec empressement au monastère, pour reconnaître l'authenticité de ce précieux
dépôt. Le bruit de cet événement se
répandit rapidement dans tous les
pays d'alentour, et, le jour fixé pour
la translation étant arrivé, on la fit
de la manière la plus solennelle, en
présence d'un nombreux clergé et
d'un immense concours de fidèles.

Plus d'une fois, le monastère de

Sainte-Colombe a offert au peuple chrétien le spectacle sublime de ces scènes émouvantes.

Le retentissement de la cérémonie dont nous venons de parler avait ranimé le culte de sainte Colombe. Mais, parmi les hommages dont sa tombe fut environnée dans ces temps reculés, nous n'en connaissons pas de plus éclatants que ceux qu'elle reçut du cardinal saint Pierre Damien.

La tradition nous apprend que cet illustre personnage, pendant son séjour dans la province de Sens, vint en pèlerinage au tombeau de sainte Colombe, et nous trouvons parmi ses œuvres un excellent panégyrique de notre sainte, qu'il prononça sans doute lors de cette visite, comme, étant à Cluny, il avait célébré les vertus de saint Odilon :

« L'autre jour, le Seigneur recevait la naissance d'une vierge, dans une profonde humilité ; aujourd'hui (1), il triomphe admirablement par une vierge et remporte au ciel les titres d'une glorieuse victoire, disant à celle qu'il place sur un trône céleste : *Levez-vous, hâtez-vous, ma bien-aimée ; ma colombe, ma beauté, venez !* Il y a quelque temps, nous avons vu la Vierge, Mère de Dieu, qui veillait à la garde de Jésus, pleurant dans la crèche. Et voilà maintenant sainte Colombe qui le contemple dans les cieux, tout rayonnant de la majesté divine !

— Les bergers ont tressailli de joie à la naissance de l'Enfant-Dieu, né d'une Vierge sans tache ; aujourd'hui,

(1) La fête de sainte Colombe se célébrait au monastère le jour où elle tombe (31 décembre), dans l'octave de la Nativité. Il y en avait encore une autre le 28 juillet. *(Sermon 66.)*

les empereurs restent confondus en présence d'une Vierge invincible ! Lui-même, en effet, comme le disait sa bienheureuse Mère, *a dépossédé les potentats de leurs trônes et exalté les humbles.*

« L'histoire, en effet, nous apprend que l'empereur Aurélien, pour l'arracher à la foi de son céleste époux, voulut la donner à son fils pour épouse ; mais cette vierge, prudente et sage, incapable d'une indigne lâcheté, demeura constamment fidèle au devoir imposé par sa foi.

« L'amour de Jésus, notre Sauveur, fut pour cette héroïne comme un bouclier impénétrable contre lequel, par la divine grâce du Verbe, tous les traits empoisonnés frappèrent, émoussés et sans force. Elle put dire : Quoi ! on m'attaque, comme

Satan osa attaquer mon Rédempteur ; on me tient le même langage : Je vous donnerai tous les trônes si, vous prosternant, vous consentez à m'adorer !

« Qu'est-ce mes frères ? Un empereur si puissant, si élevé, si terrible, ne peut réduire une faible jeune fille sous ses lois ! Soit qu'il lui promette un empire, soit qu'il fasse entendre les menaces les plus redoutables, il ne saurait la faire fléchir dans sa résolution ! Il lui offre un sceptre, elle le refuse ; il fait étinceler le glaive, elle demeure sans effroi. La cruauté, l'astuce, toutes les ressources d'une malice réfléchie sont inutiles ! Les paroles insidieuses, les flatteries ou les transports de la colère la trouvent impassible !

« Les flèches d'or, cependant, sont plus aiguës que celles de fer ; l'ambition abat plutôt encore que la crainte. Il emploie donc tous les genres d'attaques, pour ébranler dans ses fondements la tour du Christ, mais la colonne de Dieu reste inébranlable. Le roi armé est vaincu par la jeune fille sans défense.

« Elle dédaigne le palais impérial ; elle ne recule pas devant les tortures du bourreau. Qu'est-ce, encore une fois ? La faiblesse de son sexe n'est point ébranlée par une grêle de traits. Ni la douceur des caresses ne la gagne, ni la terreur des menaces ne l'émeut. Qu'est-ce que cela ? Si ce n'est que celui qui avait pris la faiblesse de notre chair donne aux faibles, aux infirmes, sa force et sa puissance ? Oui, la vertu de Dieu s'est anéantie pour fortifier notre faiblesse.

. . . .

« Notre Rédempteur s'est donc rendu faible pour nous rendre forts. Il s'est tellement proportionné et comme adapté à notre faiblesse, qu'il combat avec nous quand nous combattons, et supporte les supplices avec nous lorsque nous souffrons.

« Colombe était devant les tribunaux du prince, elle était sous la main cruelle du bourrreau ; mais elle riait de l'un et de l'autre, plus grande que le juge, plus forte que l'exécuteur de la sentence.

« Aussi, il semble que ce soit à elle que l'époux des cantiques adresse ces paroles : *Que tu es belle et ravissante, ô bien-aimée, mes délices ! Ta taille est celle du palmier.*

« L'âme sainte est appelée *bien-aimée* et *pleine de délices*, parce que, tandis qu'au dehors elle est broyée par la persécution, au dedans l'ardeur des pieux désirs la pénètre de douceur et de suavité.

« *Sa taille est semblable à celle du palmier*, parce que, non plus que la brise caressante du vice, le souffle terrible des persécutions ne peut l'incliner. Et tandis que la rage des persécuteurs pousse contre elle le bélier des menaces, elle, appuyée constamment sur l'invincible fondement de la foi, reste debout, dominante, victorieuse. Et, comme la palme a coutume d'orner la main du vainqueur, l'âme sainte et invincible est, avec raison, comparée au palmier, parce que, pendant toute la durée du combat, elle songe au prix de la victoire.

« Elle méprise donc ce qu'elle souffre ici bas, parce que, relevée comme le palmier, ce qu'elle voit dans les cieux, elle l'espère avec fermeté.

« Ceinte de l'amour des vertus, c'est à travers le fer, les flammes et les cruels supplices que la glorieuse vierge et martyre s'est élancée vers le roi des cieux. Là, maintenant, parmi les chœurs des vierges, elle chante le cantique nouveau, et ses mains bienheureuses portent les palmes de la victoire. Maintenant, comme un astre d'or au milieu des pierres étincelantes de la Jérusalem d'en haut, elle brille avec gloire, dans la contemplation de celui qui, source de la vie et de la lumière, illumine tous ses élus des rayons d'une splendeur immortelle : Jésus-Christ, notre Seigneur, qui, avec le Père et le Saint-Esprit, vit et règne dans les siècles des siècles ! — Amen. »

6.

XI

PLUIE MIRACULEUSE OBTENUE PAR L'INTER-
CESSION DE SAINTE COLOMBE. — SA BASI-
LIQUE EST RECONSTRUITE POUR LA TROI-
SIÈME FOIS. — CONSÉCRATION DE CETTE
ÉGLISE PAR ALEXANDRE III. — SAINT THO-
MAS DE CANTORBÉRY A SAINTE COLOMBE.

Le rétablissement des lieux con-
sacrés à Dieu a été un des événements les plus remarquables du douzième siècle.

On éleva à cette époque un grand
nombre de temples magnifiques et on
renouvela presque toutes les cathédrales. Les monastères détruits pendant les guerres furent rebâtis, ainsi
que les oratoires de campagne, et on
orna de joyaux magnifiques les châs-

ses qui renfermaient les reliques des saints. C'était la dévotion dominante des premières années de ce siècle dont l'activité s'était heureusement tournée vers les choses divines, avec bien plus d'enthousiasme encore que nous ne nous sommes précipités sur les entreprises matérielles de ce temps-ci.

D'un autre côté, le bruit des guerres intérieures commençait à s'apaiser, les lettres prenaient un nouvel essor, et la réforme s'introduisait dans les monastères. Aussi, le compilateur de la chronique de Sainte-Colombe s'écrie-t-il, avec l'accent de la joie la plus vive : *Maintenant, nous touchons au siècle d'or, dans lequel se relèvent de toutes parts les ruines, tant spirituelles que temporelles du temps passé.*

Entraînés par ce mouvement, les religieux de Sainte-Colombe voulurent élever une église plus magnifique encore que toutes celles qui avaient été construites jusqu'ici sur le tombeau de leur sainte patronne. Mais il faut, avant d'en parler, raconter un fait miraculeux qui nous a été conservé par un très ancien obituaire, ainsi que par le cartulaire de l'abbaye, et qui ne contribua pas peu à rendre plus célèbre le culte de sainte Colombe. Le voici tel que dom Cotron l'a transcrit dans sa chronique, nous traduisons :

MIRACLE DE LA BIENHEUREUSE COLOMBE VIERGE

« L'an mil cent dix-neuf de l'Incarnation du Verbe, le seizième des calendes de juin, il arriva dans cette ville de Sens un miracle admirable, que nous avons eu soin de confier à la mémoire des fidèles.

« Provoqué par les crimes sans nombre du genre humain, le Juge d'en haut avait fermé depuis long-temps les cataractes du ciel et empê-ché la pluie de descendre sur la terre. La moisson périssait par la séche-resse, toutes les productions de la terre étaient pour ainsi dire embra-sées.

« A la prière du vénérable arche-vêque Daimbert et de tous les ci-toyens de la ville de Sens, le corps sa-cré de Colombe, cette vierge sainte et chérie de Dieu, fut transporté à l'église de Saint-Etienne, premier martyr. Animés des sentiments de la plus vive dévotion, les fidèles, précé-dés de la croix et portant des cierges, reçurent, en poussant des gémissements et en versant des larmes, le trésor qu'ils désiraient et qu'ils vénérèrent avec d'admirables supplications, comme il était convenable.

« La vierge sainte est donc célébrée par des louanges, et de toutes parts, nous en avons la confiance, on frappe les oreilles de la bonté divine par des prières ferventes.

« Que dirai-je de plus? Après la célébration de la messe solennelle et la bénédiction du Pontife sur le peuple, les moines revinrent de Sens et apportèrent le fardeau sacré avec la dévotion la plus profonde.

« Mais comment payer vos dons, ô Très-Haut? Qui pourra vous donner un digne tribut de louanges? A peine l'épouse du Christ fut-elle replacée dans sa basilique, que tout à coup le ciel change, les tonnerres se font entendre, et ils sont suivis d'une si grande inondation, qu'on croirait accomplie cette prophétie : *Il a fait du désert des étangs, et de la terre aride des courants d'eau.* »

Ce miracle, avec la vie et la passion de la bienheureuse martyre Colombe, ainsi que la procession solennelle des moines et de l'abbé, ont été représentés sur la châsse d'argent où cette vierge sacrée a été déposée lors de sa dernière translation.

C'est à cause de ce miracle et en souvenir de celui que sainte Colombe obtint du ciel en faisant tomber la pluie pour éteindre les flammes autour d'elle, comme il est dit dans sa vie, que toutes les fois que les campagnes étaient désolées par la sécheresse, on voyait accourir de tous les pays voisins de nombreuses processions de fidèles qui, descendant les montagnes et traversant les plaines à la suite de la croix et en chantant des cantiques et des litanies, venaient à la basilique de la bienheureuse vierge Colombe pour implorer son secours.

Ce fut peu de temps après cet événement mémorable que l'on commença la nouvelle basilique.

En effet, on lit dans l'ancienne chronique : « *En cette année 1142, Théobalde, abbé, jeta les fondements de cette église le jour de l'Annonciation, qui se trouvait un dimanche.* »

Il ne présida pas longtemps à ces grands travaux, car saint Bernard s'étant rendu à Vézelay, en 1156, pour y prêcher la croisade, on vit, comme tant d'autres, cet abbé recevoir la croix à la suite du roi et de la reine.

Elle fut terminée par ses successeurs, vingt-quatre ans après, et fut consacrée par un souverain pontife, honneur insigne, que bien peu de basiliques ont partagé avec elle dans le cours des siècles.

En ce temps-là, Alexandre III, persécuté par l'anti-pape Octavien et par l'empereur Frédéric Barberousse, qui avait pris parti pour le schisme, avait été obligé de venir chercher un asile en France. Après le concile de Tours qu'il présida, les rois de France et d'Angleterre lui offrirent avec empressement de choisir une retraite dans l'un ou l'autre des deux royaumes, et il se décida pour la ville de Sens, d'où il expédiait, dit Fleury, toutes les affaires de l'Eglise, comme s'il eût été à Rome. Ce sera un titre éternellement glorieux pour cette illustre métropole des Gaules d'avoir accueilli avec tant d'amour et de respect le Pie IX de son époque.

Or, ce fut pendant son séjour à Sens que le Souverain Pontife acquiesça à la demande de l'abbé et des religieux de notre monastère, qui le supplièrent humblement de vouloir bien consacrer la nouvelle basilique de Sainte-Colombe. La bulle authentique, donnée en cette occasion par ce grand pape, subsistait en 1648 dans les archives de l'abbaye. Dom Cotron, qui l'avait sous les yeux, en donne une copie textuelle, dont voici la traduction :

« Alexandre, évêque, serviteur des serviteurs de Dieu, à tous les enfants de la sainte Eglise, notre mère,

tant présents que futurs, salut et bénédiction apostolique.

« Qu'il soit connu de vous tous que
le jour où nous avons dédié l'église de
la bienheureuse Colombe, et y avons
consacré le grand autel, avec l'aide
de deux archevêques, savoir : Hugues, archevêque de Sens, et l'archevêque des Daces, et aussi de trois
évêques : ceux d'Ostie, de Porto et
de Sizimia, en présence de quinze
cardinaux de la cour romaine et de
beaucoup d'autres nobles personnes.
Nous confiant dans les mérites du
bienheureux Pierre, apôtre, et de la
bienheureuse Colombe, vierge, et du
bienheureux Loup, archevêque et
confesseur, nous avons accordé à
tous ceux qui viendront annuelle-
ment, pendant six jours, à la dédicace de l'église, une relaxation (in-

dulgence) de vingt jours sur la pénitence à eux enjointe, de quelque profession ou condition qu'ils soient.

« De plus, par notre autorité,
l'abbé et les religieux qui servent ici
Dieu dévotement, désirent et statuent
que toute personne venant actuelle-
ment à la dédicace, devienne partici-
pante des messes, veilles, oraisons et
toutes bonnes œuvres qui se font
dans la même église. Cette dédicace
a été faite l'an de grâce de l'Incarnation de Notre-Seigneur 1164, le 6
des calendes de mai.

Cette cérémonie se fit avec un tel
éclat, l'affluence des peuples fut si considérable pendant qu'elle dura, que la
circulation et les offrandes des fidèles
ne cessaient ni jour ni nuit, et qu'en
un seul jour le nombre des pèlerins
monta à trente mille. (*P. Bureteau.*)

A peine les voûtes de cette heureuse basilique avaient-elles cessé de retentir de la voix d'un illustre pontife, qu'un autre exilé célèbre venait lui demander un autel et un lieu de recueillement : c'était le grand archevêque de Cantorbéry.

En ce temps-là comme de nos jours les pontifes du Seigneur étaient quelquefois obligés de subir la prison, l'exil et même la mort pour la défense des droits sacrés de l'Eglise. Saint Thomas, persécuté par Henri II, roi d'Angleterre, avait donc été obligé d'envoyer demander au roi de France l'hospitalité sur les terres de son royaume, et celui-ci lui avait répondu par ces nobles paroles : « *Il est de la dignité de la couronne de France que les exilés, et principalement les personnes ecclésiastiques, trouvent dans*

7.

notre royaume sûreté et protection. »

Obligé de quitter Pontigny où il s'était d'abord retiré, le saint prélat choisit pour retraite la ville de Sens, dont il appréciait fort les habitants, à cause de la douceur de leur caractère, et le roi de France lui envoya, en signe d'honneur, une escorte de trois cents hommes d'armes. Saint Thomas étant arrivé à Sens, y fut reçu avec joie par Hugues, qui en était archevêque, par le clergé et par le peuple. Il logea au monastère de Sainte-Colombe et y demeura environ quatre ans, étant défrayé libéralement aux dépens du roi Louis.

Le pape, de son côté, voulant lui donner un témoignage de son estime, lui conféra la dignité de légat. Mais ce grand saint puisait sa plus douce consolation dans le recueillement et dans l'oraison. Il s'y livrait presque continuellement, dit la chronique, et une nuit qu'il était en prières dans l'église du monastère, demandant à la reine des vierges « *à ce qu'elle impestrat au roi d'Angleterre et à ses successeurs propos et volonté d'être obédients à l'Eglise, comme enfants d'icelle,* » il fut favorisé d'une vision de Notre-Dame, qui lui rappela le sort qui l'attendait en Angleterre, comme il en avait déjà été instruit à Pontigny.

C'était donc là, au pied de l'autel consacré par un pape exilé qu'il méditait ces lettres si pleines de sagesse, de douceur et de fermeté, qu'il adressait à ses amis et à ses ennemis; c'était auprès de ces tombeaux d'une jeune martyre et d'un évêque calomnié qu'il fortifiait son âme dans la patience et l'élevait à la hauteur de ses sublimes destinées.

Plusieurs siècles s'étaient écoulés et l'Angleterre se trouvait encore représentée auprès du tombeau de sainte Colombe, mais dans des circonstances bien différentes. Elle avait apporté la guerre jusqu'au sein de la France, et les fléaux s'étaient multipliés à l'infini.

Le monastère de Sainte-Colombe fut réduit à la dernière extrémité.

Dans ces tristes circonstances, les religieux s'adressèrent à Jean de Nanton, qui était alors archevêque de Sens, le suppliant de leur permettre une quête dans son diocèse, avec les reliques de sainte Colombe et de saint Loup. Cette autorisation leur fut accordée, et dans la lettre qui fut adressée à tous les prêtres du dio-

cèse, on lit ces paroles, qui témoi-
gnent de la vénération dont jouis-
saient encore au seizième siècle les
reliques des saints. « C'est pourquoi,
disait l'archevêque, après avoir ex-
posé les cruels ravages de la guerre,
nous vous exhortons tous, lorsque
lesdits religieux ou leurs envoyés lé-
gitimes viendront dans vos pays avec
ces saintes reliques, ou l'une d'elles,
portant nos présentes lettres, ou
copie d'icelles, pour chercher lesdits
secours ou aumônes, à les recevoir
avec bienveillance et respect, au son
joyeux des cloches et à la lumière des
flambeaux, à cause de la vénération
due aux saints. Vous engagerez vos
peuples à chanter des cantiques, et par
la parole, jointe à l'exemple, à contribuer de leurs propres ressources aux-
dites réparations et restaurations de

l'église et du monastère, afin que vous et vos peuples, par ces œuvres de charité faites dans le Seigneur, mériltiez de parvenir aux joies éternelles. »

Un autre fait qui atteste encore que la gloire de sainte Colombe rayonnait non seulement en France, mais encore dans les pays étrangers, c'est la visite de l'évêque de Rimini, vers la fin de ce même siècle. Ce prélat étant venu en France en qualité de nonce du Saint-Père, se rendit en pèlerinage au tombeau de notre sainte, après avoir obtenu « par devant les notaires du roi, le 28 octobre mil cinq cent quatre-vingt-un, du révérend père en Dieu Messire Robert de la Ménardière, qu'il puisse faire ouverture de la châsse de madame saincte Coullombe, estant à demeure en ladite abbaye..... et prendre l'une des costes ou autre portion de la grandeur de ladite coste, pour icelle emporter en l'église cathédrale de son diocèse d'Arimini. »

Mais pourquoi la cathédrale de Rimini est-elle sous le vocable de sainte Colombe? Sans doute, se dira-t-on, les nobles combats de la jeune martyre avaient jeté tant d'éclat qu'on ne doit pas être surpris qu'ils aient été célébrés par la renommée jusqu'au delà des monts; d'ailleurs, quelques soldats des légions romaines qui suivaient Aurélien auront bien pu, rentrés dans leurs foyers, raconter un événement aussi remarquable et inspirer ainsi une vive confiance envers sainte Colombe. Mais, toutes justes que soient ces réfléxions, suffiraient-elles pour expliquer un fait aussi capital que le choix de notre sainte vierge et martyre sénonaise comme patronne d'une grande église, et dans un pays étranger? Nous ne le pensons pas, et nous croyons qu'il faut en chercher le motif dans le fait historique que rappelle ce passage de l'*Italia sacra* : « Rimini, ville très ancienne, autrefois la capitale de la Gaule sénonaise, sur le rivage de la mer Adriatique, à l'endroit où la voie Flaminienne se joint à la fameuse route Aurélienne, et non loin du Rubicon, qui séparait autrefois l'Italie de la Gaule sénonaise. »

Ces paroles sont, en effet, comme un trait de lumière; car si nous nous rappelons qu'à deux fois différentes, six cents ans et quatre cents ans avant Jésus-Christ, les Sénonais sont allés peupler ces contrées, il ne nous sera pas difficile de conclure que des relations s'étant conservées entre la mère-patrie et la colonie italienne, celle-ci se crut autorisée à partager une gloire que son origine ne lui rendait nullement étrangère. Comme aujourd'hui, la mère-patrie, à son tour, l'ancienne cité *gallo-sénonaise*, peut, à juste titre, revendiquer à *Sinagaglia*, l'ancienne *Sena Gallica* (Sens gauloise), près de Rimini, une partie de l'immortel honneur d'avoir donné naissance à l'illustre et bien-aimé Pie IX, si glorieusement régnant aujourd'hui.

Nous croyons même savoir de bonne source que le Souverain-Pontife ne récuse nullement son origine sénonaise. Aussi, nous en avons la douce confiance, un jour (1), à l'exem-

(1) Nos espérances ont commencé à se réaliser. Depuis que ces lignes sont écrites, nous avons eu

ple de ses augustes prédécesseurs sur la chaire de saint Pierre, le représentant de Jésus-Christ sur la terre daignera tourner un regard paternel vers le nouveau monastère qui s'élève sur les ruines de l'ancien, et lui donner, dans sa bénédiction apostolique, un gage de cette protection divine qui, seule, fait vivre et prospérer les saintes œuvres!

la consolation de recevoir des lettres de Rome, comme on a pu le voir en tête de ce petit livre, et n'eussions-nous retiré de tous nos travaux que cette seule récompense que nous nous croirions amplement dédommagé.

XII

Six siècles avaient passé sur cette église, lorsque les signes précurseurs d'une horrible tempête se firent remarquer à l'horizon du monde politique et religieux.

L'affaiblissement de la foi, la décadence des mœurs, l'esprit d'insubordination qui ravageaient le monde, n'avaient pas été sans une certaine influence jusque sur les cloîtres.

La plupart des abbayes avaient perdu leur antique ferveur entre les mains d'abbés commendataires, qui ne s'occupaient d'elles que pour en dissiper les revenus. Aussi, semblaiton entendre de toutes parts, comme les craquements des saints édifices, qui allaient s'écrouler avec tant de fracas dans toutes les provinces de la France ; car ce fut par sa propre maison que le Seigneur commença d'accomplir les arrêts de sa justice irritée, en abandonnant pour un temps les méchants et les faibles à la perversité de leurs œuvres.

Ce fut, on le sait, le 13 février 1790 que l'Assemblée constituante rendit le trop fameux décret qui détruisit de fond en comble l'édifice monastique, déjà renversé par la loi du 2 novembre précédent. Peu de temps après un lamentable spectacle était donné à ceux qui n'avaient pas encore perdu tout sentiment de foi, de justice et d'humanité : des religieux, des vieillards qui avaient blanchi dans les

exercices de la vie contemplative,
étaient brutalement chassés de leurs
antiques demeures, dépouillés de
leurs biens et poussés, malgré eux,
dans les rangs d'un monde auquel ils
avaient renoncé et que, pour la plupart, ils ne connaissaient pas. Dans
ces terribles circonstances, les uns
rentrèrent dans la vie commune ;
d'autres, plus intrépides, cherchèrent
un asile où ils pussent se rapprocher
de leur ancien genre de vie. C'est
ainsi que dom Dubuisson, dernier
prieur de l'abbaye de Sainte-Colombe,
acheta un petit coin de terre, près du
hameau de Jouancy, et s'y construisit une cellule. Là, dans une vallée
solitaire, sur les bords d'un ruisseau.
se voit encore l'humble ermitage où
le fidèle cénobite accomplissait avec
persévérance les saints engagements

qu'il avait contractés par ses vœux. Près de cette retraite, dont il avait fait comme une douce image de son ancienne solitude, s'élève une colline du haut de laquelle il put souvent contempler la célèbre abbaye où il avait passé dans les douceurs de la paix les premières années de sa jeunesse. Mais, hélas! que de pensées amères devaient traverser son cœur, lorsque ses yeux humides de larmes, voyaient les ruines se faire dans cette chère basilique, sous les voûtes de laquelle il avait si souvent adoré Dieu et prié sainte Colombe!

Mais alors... elle était tombée entre les mains de ces farouches démolisseurs qui avaient juré de faire disparaître du sol catholique de la France Dieu, ses serviteurs et ses temples. En effet, tous les biens et tous les bâtiments de l'abbaye royale de Sainte-Colombe, après avoir été confisqués, comme tous les biens d'église, au profit de la nation, ou plutôt de ceux qui les achetèrent à vil prix, furent misérablement vendus pour être livrés en proie à la plus affreuse cupidité.

Ainsi, cette magnifique église, une des merveilles du pays sénonais, cette église élevée à la gloire de sainte Colombe et de saint Loup, les deux saints protecteurs de la contrée, cette église consacrée par un souverain pontife, illustrée par la présence de l'héroïque martyr de Cantorbéry, dépositaire des cendres de tant de personnages célébres, enrichie par les bienfaits des rois et des peuples; cette église tant aimée des pèlerins ne put trouver grâce devant le marteau révolutionnaire ! Ni l'histoire, avec ses nombreux souvenirs, ni la religion, avec ses menaces et ses prières, ni les arts en pleurs ne purent arrêter cette systématique et inflexible rage de la destruction.

Cependant, après environ un demi-siècle de désolation, des jours meilleurs commencèrent à luire sur cette terre dévastée, qui devenait la propriété de la congrégation naissante des religieuses de la Sainte-Enfance de Jésus et de Marie et dont la maison-mère s'établissait sur les ruines de l'ancienne abbaye. Ainsi fut restauré, après quelques années d'interruption, le culte de sainte Colombe, qui florissait en ces lieux depuis environ seize cents ans ! La religion reprenait possession de la tombe de l'illustre patronne de la ville de Sens.

Désormais, les louanges de Dieu continueront de retentir durant le jour dans cet antique monastère, et si le silence de la nuit n'est plus interrompu, comme autrefois, par les chants sacrés des enfants de saint Benoît, Dieu et la société en seront dédommagés par les œuvres charitables que le nouvel institut joint à la vie contemplative. En effet, outre l'éducation des jeunes filles et la direction des ouvroirs, les religieuses de la Sainte-Enfance de Jésus et de Marie ont encore pour but l'œuvre des salles d'asile de la première enfance.

Chacun sait combien cette institution des asiles est précieuse à l'époque où nous vivons. Apportant avec lui, en venant au monde, le triste apanage des faiblesses humaines, l'enfant exige une surveillance et des soins presque continuels; et cependant combien de pauvres mères ne sont-elles pas obligées de délaisser ce cher objet de leur tendresse pendant de longues heures, pour venir en aide au chef de la famille, dont le travail assidu ne saurait toujours subvenir aux nécessités même les plus pressantes. Que devient alors cet être fragile, ainsi abandonné à son inexpérience et à sa propre faiblesse ?...

Ne pensez pas que la religion, venue en ce monde pour relever toutes les ruines amoncelées par le péché et par les passions, fasse défaut à ces nouvelles exigences. Semblable à une mère pleine de tendresse et de vigilance, elle a sans cesse les yeux ouverts sur les misères de ses enfants et l'oreille attentive à leurs moindres soupirs, toujours prête à tendre une

main secourable partout où il y a faiblesse, souffrance ou péril. De même
qu'elle place des consolatrices charitables au chevet des malades, des
sentinelles vigilantes sur le sommet
des Alpes couvertes de neiges, des
filles du Bon-Pasteur auprès des
Madeleines repentantes, ainsi en-
verra-t-elle des sœurs dévouées aux
petits enfants délaissés. Elle leur donnera pour modèle le divin Sauveur
lui-même, dans une des plus touchantes circonstances de sa vie, lorsqu'il accueillait et bénissait les petits
enfants avec une si grande bonté ; et
ces vierges chrétiennes, formées aux
fonctions et aux vertus de leur sublime vocation, auprès du tombeau
de l'héroïque et douce Colombe, s'en
iront par le monde, répéter les suaves
paroles de leur divin Maître : « *Lais-*

sez venir à moi les petits enfants et ne les empéchez pas, car le royaume de Dieu est pour ceux qui leur ressem-blent. » En sorte qu'elles seront en même temps et les gardiennes de cette tombe vénérée et des maîtresses dévouées à la sublime tâche de l'éducation des enfants. Aussi sainte Colombe elle-même sembla-t-elle sourire, du haut des cieux, à ces heureux commencements, par une guérison extraordinaire, qui fut attribuée à sa puissante intercession auprès de Dieu, et que nous allons raconter après quelques réflexions préliminaires.

Nous vivons dans un temps où l'esprit d'investigation a déjà fait découvrir bien des erreurs dans les jugements du siècle dernier. On aime aujourd'hui à remuer les débris des anciens monuments, à interroger les chartes antiques, à remonter aux sources de l'histoire ; et plus d'une fois, à la vue de la légèreté de nos prétendus philosophes, on a pu dire avec le sage : « J'ai reconnu que le rire est trompeur. » C'est d'un bon augure, et il est à espérer que nous finirons par secouer aussi cette singulière disposition d'esprit dont un grand nombre de personnes sont plus ou moins imprégnées, sous l'influence de l'esprit rationaliste, cette injuste prévention contre tout ce qui nous montre une puissance surnaturelle, agissant sur la destinée des choses humaines. Il semble que la présence de Dieu dans les événements humains nous fasse peur, tant nous avons relégué la Providence en dehors des affaires de ce monde. Sans doute, il ne faut pas admettre indistinctement tous les faits qui nous sont proposés comme surnaturels ; mais quand il en est qui portent avec eux des témoignages irrécusables de véracité, pourquoi les rejeter *par cela seul* qu'ils sortent du domaine des choses naturellement possibles ? La main de Dieu ne peut-elle pas, de temps en temps et quand il lui plaît, se montrer d'une manière plus sensible au delà des bornes des lois naturelles qu'elle même a posées ? Il serait donc aussi contraire aux lumières d'une saine raison de rejeter indistinctement tous les faits extraordinaires qui nous sont racontés, que de les admettre tous sans examen. Il en est, parmi ces faits, que l'Eglise nous donne comme de véritables miracles, après avoir suivi, dans l'examen approfondi qu'elle en fait, les règles de la plus haute sagesse; il en est d'autres qu'elle déclare faux; enfin, il en est d'une troisième sorte, sur lesquels elle ne se prononce point, pourvu que l'on ne veuille point les donner comme des miracles et qu'ils ne renferment rien de contraire au dogme et à la morale; elle les laisse, comme toutes les autres choses qui sont du domaine de l'histoire, sous la responsabilité du narrateur, et les abandonne au jugement de ceux qui en lisent ou en entendent le récit. Or, tel est le caractère des faits que nous rapportons ici, nous n'avons nullement la prétention de certifier des miracles, mais seulement de raconter des faits que nous ne qualifions en aucune manière. Des faits dont nous avons été témoin oculaire, ainsi que plusieurs autres personnes dignes de foi, nous disons ce que nous avons vu, ce que nous avons entendu, laissant à la conscience de chacun une libre appréciation de toutes choses.

Dans le courant du mois d'août 1845, une sœur novice avait été atteinte entre les deux épaules par un objet assez pesant, lancé en l'air, par manière de jeu, pendant une récréation. Le coup avait été si violent que la jeune sœur tomba par terre, et le médecin ordonna, le lendemain matin, d'appliquer des sangsues. La malade se trouva d'abord soulagée, mais au huitième jour il fallut rappeler le médecin, car le mal se faisait sentir avec violence à l'estomac ; les sangsues sont ordonnées de nouveau, et la malade se croyait parfaitement guérie, lorsqu'au bout de deux mois les souffrances reparurent plus fortes

que jamais. Cette fois, le médecin déclare qu'un dépôt s'étant formé sur
l'estomac, l'empoisonnement est presque inévitable pour le moment où il
s'ouvrira.

A partir de ce jour, la sœur N...
resta plusieurs mois dans d'horribles
souffrances ; elle ne pouvait plus ni
travailler ni dormir ; elle avait perdu
l'appétit et ne se traînait qu'avec
peine ; son visage s'amaigrissait de
jour en jour, et ses yeux caves étaient
environnés d'un cercle d'un bleu
foncé. La supérieure, voyant qu'il
n'y ait plus d'espérance dans les re-
mèdes humains, ainsi que le médecin
l'avait déclaré, proposa à la pauvre
malade de faire une neuvaine en
l'honneur de sainte Colombe, dans le
but d'obtenir sa guérison. Remplie de
confiance en l'intercession de la jeune

vierge qui avait consacré par son sang et par la présence de ses restes précieux le lieu qu'elle habitait, la novice accepte avec empressement, et dès le lendemain, on lui passe au cou un médaillon renfermant une parcelle des reliques de sainte Colombe, et on commence les prières. Pendant tout le temps que dura la neuvaine, les douleurs devinrent de plus en plus violentes; mais la confiance de la malade ne diminua point, et comme on lui parlait de la ferveur des prières qui étaient faites pour elle, elle s'écria, sans hésiter et avec une assurance d'affirmation qui surprit : *Ma mère, je serai guérie !*

La neuvaine devait se terminer le lundi matin 24 novembre, mais les douleurs furent si violentes et l'état de la malade si alarmant le samedi et le dimanche, que l'on crut devoir en prévenir le médecin, qui envoya un emplâtre dont il espérait, non pas la guérison, mais quelque soulagement; lorsqu'on le présenta à la malade, elle demanda avec instance qu'on voulût bien attendre jusqu'au lendemain après la messe, pour lui en faire l'application, mais le mal était si pressant que l'on insista; elle supplia de nouveau d'un ton si convaincu de sa guérison pour le lendemain, que l'on fit venir M. l'aumônier pour décider la question. Il dit à la malade qu'il ne fallait pas tenter la Providence; que, d'ailleurs, cela n'empêcherait pas qu'elle fût guérie, si Dieu le voulait. — C'est vrai, répondit-elle, mais quand je le serai, on attribuera ma guérison à ce remède; il faudrait en laisser toute la gloire à sainte Colombe. — M. l'aumônier ajouta qu'il fallait obéir au médecin, selon l'ordre de Dieu, que, d'ailleurs, elle pouvait bien ne pas aller jusqu'au lendemain. — Eh bien! répondit la malade, si vous vouliez permettre qu'on ne me le mît pas, j'aimerais mieux mourir; — mais, je le sais bien, ajouta-t-elle aussitôt, je serai guérie. — Vaincu par des prières si pleines de confiance, M. l'aumônier crut devoir permettre ce qui paraissait être la volonté de Dieu. Le remède ne fut donc pas employé, mais la nuit fut terrible, et on ne put quitter la malade un seul instant. Le lendemain matin, la sœur demanda à être conduite, malgré son triste état, à la fin de la messe de la neuvaine : et, appuyée sur le bras de l'infirmière, elle s'y traîne comme elle peut. Les

douleurs allèrent toujours en augmen-
tant, jusqu'au moment d'approcher de
la sainte table, où elle se présenta
ployée en deux par la force du mal ;
mais à peine eut-elle reçu la sainte
hostie, que tout à coup la maladie
disparut, *comme si on l'eût enlevée
avec la main*, selon ses expressions ;
elle retourna facilement à sa place et
fit son action de grâces à genoux,
pendant un quart d'heure, quoique
depuis trois mois il lui ait été impossible de se tenir un seul instant dans
cette posture. Ce ne fut pas sans
peine qu'elle put contenir dans son
cœur, jusqu'à la fin de la messe, le
secret des merveilles de Dieu ; mais
aussitôt qu'il lui fut possible de révéler l'ineffable faveur que Dieu lui
avait accordée, ce ne furent plus dans
toute la maison que transports de

joie, que cantiques de reconnaissance, et toutes ses sœurs se joignirent à elle, les unes avec une vive allégresse, les autres avec une sorte de terreur religieuse, pour remercier le Seigneur et bénir sainte Colombe, dans l'effusion de la plus expansive reconnaissance.

Dès le lendemain, l'heureuse novice allait reporter au médecin l'emplâtre qu'il avait envoyé et l'assurer de sa parfaite guérison. Celui-ci s'informa minutieusement de toutes les circonstances du fait, et fut tellement surpris d'un pareil changement d'état, qu'il ne balança pas à y voir l'intervention du ciel (1), ainsi qu'il le dé-

(1) Voici la copie de cette lettre :

MADAME,

Je partage toute votre satisfaction et votre bonheur qui doivent être bien grands. Votre communauté doit bien des remerciements à Dieu pour la guérison de votre chère sœur, qui aurait pu périr

clara dans la réponse à une lettre que lui avait adressée madame la supérieure.

Mais qu'étaient devenues les précieuses reliques, dont une faible parcelle avait été l'occasion d'une si grande faveur? Transportées au trésor de la cathédrale de Sens au moment de la révolution, elles y avaient été dépouillées de leur magnifique châsse en argent, mais y étaient demeurées intactes dans le sarcophage en bois qui les renfermait, et que la tradition, aussi bien que les données de la science, attribuent à saint Eloi.

Les choses en étaient là, lorsqu'en 1851, M. l'abbé Briant, chanoine de

par suite du coup qu'elle a reçu. Cet événement pourrait passer pour un miracle.

Recevez mes sentiments de félicitation.

Votre très humble serviteur,

27 novembre 1845.   Rétif.

la Rochelle, qui s'occcupe lui-même, avec tant de zèle, de la restauration du culte de sainte Colombe à Saintes, fut appelé pour prêcher à la métropole la station du carême et du jubilé. Profitant des sympathies qu'avait rencontrées sa parole éloquente, durant les saints exercices, il eut l'heureuse idée de proposer aux fidèles réunis en foule autour de sa chaire, le saint jour de Pâques, d'ouvrir une souscription pour offrir une châsse à l'illustre sainte Colombe, vierge et martyre du Seigneur, protectrice et patronne de la ville de Sens. Ses paroles furent accueillies avec enthousiasme, et des signes non équivoques attestèrent que chacun allait préparer son offrande dans la joie de son cœur. La Société des demoiselles économes, qui a fondé un ouvroir dans la ville de Sens, en faveur des jeunes filles pauvres, ayant mis un zèle vraiment digne d'éloges à recueillir les souscriptions, on fut bientôt à même d'exécuter les projets qui avaient été conçus et de réaliser les espérances de tous les cœurs dévoués à sainte Colombe.

Depuis cette époque, la châsse a été terminée, la vie de sainte Colombe et l'histoire de l'abbaye, qui allaient être mises sous presse, ont paru; des médailles ont été frappées, des gravures se préparent.

La fontaine d'Azon, si célèbre par le martyre de notre sainte, a été rendue à sa première destination.

Des fouilles pratiquées dans l'emplacement du sanctuaire des anciennes basiliques successivement construites sur le tombeau de sainte Colombe, ont mis à découvert les restes d'une crypte qui offre les indices de la plus haute antiquité. Elle a deux mètres de large sur quatre de long, et il reste tout autour, environ trente centimètres des anciennes murailles. Elle ne ressemble point à ces cryptes qui furent construites avec un certain art dans les siècles postérieurs : c'est une crypte, dans la véritable acception du mot, c'est-à-dire un lieu souterrain préparé, dans les temps de persécution, pour recevoir les corps des martyrs. Elle n'a pour tout dallage qu'un béton de 20 centimètres d'épaisseur, et pour ornement qu'une couche de ciment qui porte encore les traces de la couleur rouge dont elle fut recouverte. Ce fut autour de cette crypte que l'on construisit l'église et immédiatement au-dessus que l'on plaça l'autel, selon les règles de la tradition chrétienne.

En outre des preuves que l'on pourrait encore tirer de la nature du ciment et du mode de construction, preuves que les bornes de cet ouvrage ne nous permettent pas de développer ici, nous avons deux témoignages dont toutes sortes de personnes peuvent apprécier l'importance. Le premier est une pièce romaine trouvée tout auprès des fondations de la crypte, 2 mètres 40 centimètres de profondeur : c'est un bronze de l'empereur Valens, qui régnait un siècle seulement après la mort de sainte Colombe.

Le second témoignage se rapporte à l'époque de la destruction : c'est un denier de Carloman, que nous avons ramassé nous-même sous la pioche de l'ouvrier, à un mètre au-dessus du fond de la crypte, dans les démolitions qui la remplissaient. Ce prince régnait en 879, et ce qui se passait un demi-siècle après, en 950 (1), explique la présence de cette pièce de monnaie dans les décombres de la crypte.

En sorte que tout se réunit pour démontrer que c'est ici la crypte primitive, celle qui aurait été construite quand le corps de notre sainte martyre fut apporté de la fontaine d'Azon au *castrum* du général de la région sénonaise; celle où saint Eloi trouva les précieuses reliques quand il vint fabriquer la merveilleuse châsse qui devait les renfermer; celle d'où elles furent tirées en 853, au moment d'une translation solennelle dont on célèbre le *millénaire* cette année; celle,

(1) Voir la page 94.

enfin, où ces saints ossements, qui qui avaient été cachés de nouveau par la crainte des barbares, furent providentiellement retrouvés en 950.

Tels sont les motifs qui nous ont engagé à relever cette crypte vénérable, et à en conserver les débris avec un religieux respect. Deux inscriptions, placées de chaque côté de l'autel, rappelleront, l'une les faits dont nous venons de parler, et l'autre les noms des principaux bienfaiteurs de Sainte-Colombe, que nous espérons voir se multiplier de nos jours pour la construction d'une nouvelle église dont cette crypte n'est en quelque sorte que la pierre d'attente. Enfin, une solennité publique rappellera une époque mémorable (853); un millénaire se prépare en ce moment.

Voici en quels termes cette grande

cérémonie est annoncée dans le mandement que Monseigneur l'Archevêque de Sens vient de publier à cette occasion :

« Une procession solennelle et commémorative aura lieu le mardi 30 août prochain, à la fin de la retraite pastorale et du synode diocésain, pour la translation d'une partie des reliques de sainte Colombe, vierge et martyre de Sens, concédée par le chapitre métropolitain primatial à la maison-mère des sœurs de la Sainte-Enfance de Jésus et de Marie, établie dans un reste des bâtiments de l'ancien monastère de Sainte-Colombe lez Sens.

« Nous convoquons à cette pieuse cérémonie les fidèles de toutes les paroisses de notre diocèse qui pourraient y assister, et spécialement ceux de notre ville métropolitaine, des paroisses des deux cantons de Sens, et des paroisses voisines de ces deux cantons. »

Puissent ces premiers actes de réparation, après tant de spoliations et d'oubli, renouveler parmi nous la ferveur des plus beaux jours ; puisse le culte de sainte Colombe refleurir dans la cité sénonaise et son antique monastère se relever entièrement de ses ruines ! A un mètre environ du sol sont encore enfouies les fondations qui supportaint les colonnes de la nef, du chœur et du sanctuaire de l'ancienne église, et nous ne pouvons nous persuader qu'elles n'attendent point la construction d'un nouveau monument qui rappellerait, quoique faiblement, l'histoire et les grandeurs des basiliques qui ne sont plus. Oui, nous en avons l'espérance, cette terre consacrée pendant une si longue suite de siècles par le tombeau, le culte et la puissance de sainte Colombe, une des premières vierges martyres des Gaules et la gloire du pays sénonais, ne sera pas longtemps encore privée de cette légitime restitution!...

Vous le savez, ô douce Colombe, bien-aimée du Christ! tels sont les vœux les plus ardents de notre cœur, tel est le but que nous nous sommes proposé en écrivant ces pauvres pages qui n'auront d'attrait qu'à cause de votre nom, qui les embellit. Nous sommes arrivés à une époque où la tristesse et la crainte ont laissé une large place à l'espérance; mais toutes les plaies de la société ne sont pas encore fermées, et jamais la puissante intervention des saints ne nous a été plus nécessaire. Déjà votre glorieuse compagne dans les cieux, la vierge de Nanterre, vient de recevoir, d'une main aussi chrétienne que ferme, une noble et légitime réparation ; il faut aussi qu'un sanctuaire nouveau soit élevé à la gloire de la vierge et martyre sénonaise, dans ces lieux qu'elle a tant aimés et qu'elle aime encore ! Si vous daignez agréer et bénir ce livre, faible tribut de notre dévouement et de notre admiration, il ira réveiller de nobles sentiments dans des âmes généreuses que vous bénirez aussi, et qui se sentiront inspirées d'ajouter leurs noms à ceux de tant de fidèles, de personnages illustres, de rois et de souverains pontifes qui, dans tous les siècles ont signalé, par de magnifiques offrandes, leur piété envers sainte Colombe.

Et lorsque ces germes de dévotion que nous nous efforçons de déposer aujourd'hui dans les cœurs se seront développés ; lorsque, par votre puissante médiation auprès de Jésus-Christ, votre céleste époux, les beaux exemples de foi, de courage et de chasteté que vous avez laissés sur la terre seront plus connus ; lorsqu'un sanctuaire vénéré se sera de nouveau élevé à votre gloire, il nous semble qu'empruntant alors, dans la joie de notre cœur, les paroles du saint vieillard de l'Evangile, nous répéterons avec lui : *Nunc dimittis servum tuum, Domine, in pace ; quia viderunt oculi mei !...*

28 juillet 1853.

XIII

Les espérances exprimées quelques lignes plus haut sont aujourd'hui une réalité, tant il est vrai qu'il n'y a rien d'impossible à celui qui croit. Or la foi de M. l'abbé Brullée était vive, et elle trouvait en lui, dans une volonté énergique et persévérante, une servante dévouée.

Saintement passionné pour l'honneur de celle à qui il avait voué sa vie, et voyant dans la résurrection de son culte une nouvelle source de vertus chrétiennes pour nos contrées, il se mit résolument à l'œuvre. La fontaine d'Azon fixa d'abord ses regards.

Sur l'emplacement de la chapelle qu'avait emportée aussi le flot révolutionnaire, il éleva une croix monumentale dont M⁫ᵍʳ l'évêque de Meaux, délégué par Mᵍʳ l'archevêque de Sens, bénissait la première pierre le dimanche qui précéda la translation des saintes reliques (1). Trois jeunes demoiselles de Sens et de Saint-Clément frappèrent cette première assise du signe de la rédemption qui, en nous rappelant le glorieux martyre de la vierge sénonaise, nous invite au sacrifice sans lequel rien ne se fonde, rien ne dure. Une allocution pleine d'âme et d'espérance a été prononcée par le R. P. J.-B. Muard, de sainte mémoire. Une foule nombreuse assistait, sans avoir été prévenue, à cette pieuse cérémonie, qui remplit tous

(1) 28 août 1853.

les cœurs de la plus vive émotion.

Au monastère, un modeste oratoire qui, comme le grain de sénevé de l'Evangile, deviendra un bel et grand arbre, avait été élevé sur la crypte primitive, dont il reproduisait exactement les dimensions. Elle fut bénite le même jour que la croix et aussi par Mgr l'évêque de Meaux.

Et maintenant, nous rendons la parole à l'habile historien de sainte Colombe. Il a, dans une petite brochure pleine d'intérêt, raconté la translation solennelle des reliques de la vierge martyre, et ce beau récit formera naturellement le treizième chapitre de la seconde édition de son ouvrage.

Ainsi, — c'est M. Brullée qui parle, — tout se préparait pour le plus heureux succès : des arcs de triomphe s'élevaient sur la route que l'on devait parcourir; de toutes les paroisses du diocèse, et même des pays lointains, on se disposait à participer à cette brillante solennité, vers laquelle se tournaient toutes les imaginations. Il y a si longtemps que nous n'avons vu de ces pompes religieuses qui remuaient si profondément les peuples au moyen âge que, fatigués des misérables contrefaçons par lesquelles on a voulu les remplacer, nous accueillons aujourd'hui avec bonheur l'annonce de ces fêtes vraiment populaires qui, au lieu de précipiter les esprits dans le matérialisme, émeuvent doucement les âmes et les élèvent à de nobles et purs sentiments.

D'un autre côté, la fraîcheur et la

sublimité du sujet enflammaient la poésie, qui redisait en beaux vers la touchante histoire de la vierge martyre ou bien nous transportait d'avance aux spectacles du triomphe.

> Pourquoi tous ces apprêts,
> Ces sublimes cantiques,
> Ces festons magnifiques
> Et ces dômes si frais?
> Pourquoi tant de chrétiens de leurs accents joyeux,
> Font-ils frémir la ville en ce jour glorieux?
> Colombe c'est vers toi
> Que monte leur hommage;
> Toi que l'œil envisage
> Assise auprès du roi,
> Dont l'invincible bras, arbitre de la mort,
> De ton brûlant amour a couronné l'effort (1).

Enfin, il n'y eut pas jusqu'à l'administration du chemin de fer de Paris à Lyon qui, par une détermination qui l'honore, résolut aussi de concourir à l'éclat de cette fête en

(1) M. l'abbé Garnier, curé de Brion.

réduisant de moitié le prix du voyage en faveur des nombreux pèlerins qui se proposaient d'y assister.

Une seule chose maintenant pouvait mettre obstacle aux heureux résultats que l'on avait le droit d'attendre de tous ces préparatifs, mais cette chose ne dépendait pas de la volonté humaine : c'était un jour pluvieux. Or, contrairement à toute prévision, dès la veille au matin, la pluie, mais une pluie diluvienne, commença d'attrister visiblement la population, et toute espérance semblait perdue, lorsqu'à mesure que les heures marchaient, la température devenait de plus en plus désolante. Cependant ce n'était qu'une épreuve, car on vit en cette circonstance l'accomplissement de ces paroles : « La tristesse dure jusqu'au soir, mais le lendemain matin on se réveille dans la joie. »

En effet, dès l'aurore, on put voir, aux doux rayons de soleil qui traversaient un air pur, que le ciel lui-même allait être de la fête. Jamais jour ne se leva plus favorable au déploiement d'une procession qui devait traverser la ville et la campagne : point de vent dans les airs, ni boue ni poussière sur les routes, point de chaleurs étouffantes, et de plus un soleil favorable qui tantôt faisait briller de sa lumière les resplendissantes parures de la fête, tantôt voilait ses rayons sous des nuages presque transparents, qui projetaient de temps en temps une ombre salutaire. Aussi quel joyeux empressement à terminer les préparatifs sur toute la ligne que devait parcourir le cortège du triomphe! Mais n'anticipons point;

la première partie de cette grande
journée réclame toute notre attention.

Les bourdons dans les airs ont jeté leurs volées,
Jusqu'en leurs fondements les tours sont ébranlées,
Tout un peuple, à longs flots, bat les sacrés parvis :
Que se passe-t-il donc au sein du sanctuaire ?
J'écoute... et tous mes sens sont transportés, ravis,
Est-ce bien un mortel qui domine la chaire ?
        Où ne serait-ce pas l'ange d'Adonaï
        Qui revient parler à la terre,
        Comme autrefois du haut du Sinaï ?
Non, des milliers de voix ont nommé Lacordaire ;
Suis-je bien éveillé, dois-je en croire mes yeux ?
Quel tableau consolant devant moi se déroule ?
Serais-tu revenue, ô foi de mes aïeux,
De tes saintes ardeurs embraser cette foule ?
Tous les rangs sont mêlés, tous les noms confondus :
        Ici je vois les heureux de la terre ;
Là, le pauvre en haillons, puis l'humble prolétaire ;
        Tous s'agenouillent éperdus (1).

**Il avait raison, le poète-ouvrier ;
car « dès le matin, une foule immense**

(1) M. Robert, taillandier, à Sens.

assiégeait l'enceinte réservée. C'était à qui pourrait conquérir une place en face de la chaire de l'antique primatiale des Gaules ; c'est que du haut de cette tribune sacrée une voix bien éloquente, la voix la plus éloquente de l'Eglise de France, devait distribuer le pain de la parole sainte à tous ces convives assis au banquet de la vérité. Le R. P. Henri-Dominique Lacordaire, cédant aux invitations de notre vénéré pontife, avait bien voulu apporter dans cette fête diocésaine le concours de son immense talent, de son zèle ardent pour le salut des âmes. Aussi, depuis les temps d'antique et généreuse foi, jamais la basilique sénonaise n'avait vu sous ses voûtes une assemblée si nombreuse, si imposante. Des prélats même avaient voulu honorer de leur présence la fête de notre sainte, et aux côtés de notre bien-aimé pasteur étaient assis NN. SS. les évêques de Meaux et de Nevers. Des chefs d'ordres monastiques, d'humbles enfants de la solitude, avaient pris place à côté de ceux qui sont les princes dans l'Eglise de Dieu! Les abbés de Notre-Dame de la Pierre-qui-Vire et de Staouëli (Algérie) étaient là, portant chacun le costume de leur ordre et les insignes de leur dignité. Plus de six cents prêtres, tant du diocèse que des diocèses voisins, étaient en habit de chœur, assis dans l'enceinte réservée. Parmi eux, on remarquait presque tous les membres du vénérable chapitre de la cathédrale de Sens. Des fonctionnaires de presque toutes les administrations civiles du département occupaient les places spécialement désignées pour eux autour de NN. SS. les évêques. Parmi eux, nous distinguions M. le recteur de l'Académie, en grand costume, MM. les procureurs impériaux de Sens et d'Auxerre, MM. les sous-préfets des divers arrondissements, M. le maire de la ville de Sens, le tribunal, en corps, et un grand nombre de nota-tabilités, parmi lesquelles la ville d'Auxerre comptait de nombreux re-présentants. On évalue à près de six mille le nombre des fidèles qui, venus de toutes les parties du diocèse et des départements voisins, se pressaient dans la grande nef de la métropole.

Quand, après la messe solennelle célébrée en présence de ces saintes reliques, le R. P. Lacordaire parut au milieu de cétte immense assem-blée, tout à coup s'établit le silence le plus profond ; tous les regards se fixent sur l'orateur, tous les assistants se penchent comme pour mieux recueillir les premières paroles qui vont tomber de cette bouche éloquente.

Il y avait à peine quelques instants que l'illustre enfant de saint Dominique parlait, et déjà nous étions tous sous le charme irrésistible de sa victorieuse parole. Cette parole inimitable, cette parole qu'il faut entendre pour en avoir une idée, passait sur cette foule comme un courant électrique et lui arrachait des frémissements involontaires. Nous étions fascinés par la magie du regard dominateur de ce prodigieux génie, tandis que son geste, dont rien n'égale l'expression, faisait descendre jusqu'au fond de nos âmes les accents de cette

voix pénétrante comme le tranchant
de l'acier et qui s'insinue jusqu'aux
fibres les plus secrètes pour les faire
vibrer (1). »

Le R. P. Lacordaire avait pris pour
texte de son discours ces paroles de
l'apôtre saint Paul aux Ephésiens :
*Instaurare omnia in Christo quæ in
cœlis et quæ in terra sunt, in ipso.*
(CH. IV, v. 10.)

Oui, Dieu a restauré toutes choses,
sur la terre, par le sang de Jésus-
Christ, et toutes les fois que quelque
chose de grand a été fondé sous le
soleil, il y a eu du sang de répandu...
C'est la foi, c'est le sang des martyrs
qui a implanté et fondé la religion
dans l'univers ; et si aujourd'hui des
prélats, des magistrats, des savants
des âmes pieuses, des incrédules

(1) L'abbé Carré.

même, se trouvent réunis autour de cette chaire, c'est le sang d'un martyr versé pour la foi, il y a plus de quinze cents ans, qui les y rassemble. Etudions donc la puissance de cette foi qui est l'âme du christianisme.

De là l'orateur a démontré, avec cette lucidité d'expression, cette logique pressante et cet entraînement qui le distinguent, que la foi seule est le principe de toute véritable civilisation, et qu'il n'y a plus dans l'avenir de civilisation possible que par le catholicisme, parce que, possédant seul la vraie foi, il est la seule religion acceptable aujourd'hui.

En sorte qu'à cette heure solennelle, l'humanité se trouve dans la nécessité ou de se régénérer par l'acceptation de la religion chrétienne, ou de rétrograder en passant par la décadence jusqu'à la barbarie. Mais, ajouta-t-il, avec un ineffable sourire d'espérance : « Je crois à la régénération ! »

Il serait impossible de peindre l'effet produit par ce discours. Tous étaient émus, étonnés, ravis. Les uns se félicitaient d'avoir entendu leurs croyances exaltées par une voix aussi puissante, les autres ne pouvaient retenir les cris d'approbation que la vérité faisait sortir de leur cœur ; ceux-ci paraissaient rêver profondément, sous le charme des tableaux saisissants où ils avaient pu se reconnaître, et ceux-là emportaient silencieusement dans leur conscience le germe de salutaires remords, qui les amèneront, nous en avons la confiance, jusqu'au grand jour de la foi dont ils n'ont entrevu que l'aurore.

10.

Ainsi fut heureusement inaugurée cette journée mémorable, qui devait se terminer, après quelques heures de repos, par l'éclatante cérémonie de la translation des saintes reliques, où s'acheva glorieusement le triomphe de sainte Colombe.

Deux heures ont sonné..., la cathédrale se remplit de nouveau, et tandis que les vêpres sont chantées avec enthousiasme, la procession s'organise sous les ordres du grand maitre des cérémonies, M. l'abbé Chauveau, au zèle infatigable duquel on a du le bel ordre qui a régné durant toute la fête.

Déjà depuis longtemps la haie se formait de chaque côté du chemin qui conduit à l'abbaye de Sainte-Colombe; les fenétres des maisons étaient garnies de spectateurs attentifs et recueillis, les arbres et jus-

qu'aux toits eux-mêmes, portaient
de nouveaux Zachées. Enfin, le si-
gnal est donné, les portes de l'antique cathédrale s'ouvrent, les tam-
bours battent aux champs, les bourdons et toutes les cloches des paroisses de la ville, de la banlieue et des
monastères sonnent à toutes volées,
les chœurs de chant élèvent la voix,
les musiques de Sens et du séminaire
d'Auxerre font entendre les sympho-
nies du départ, les orgues frémissent,
tous les cœurs palpitent, le glorieux
cortège se met en marche !

Une brigade de gendarmerie à che-
val, suivie d'une compagnie de pom-
piers, ouvre le passage ; puis viennent
les différentes paroisses de la ville et
des environs, avec toutes les pompes
dont elles ont pu s'entourer. Voici la
longue file des jeunes gens des écoles

sous les étendards de saint Nicolas, leur patron, et un peu plus loin des centaines de jeunes filles toutes vêtues de blanc, couronnées de fleurs et portant à la main la palme, symbole de la victoire remportée par la vierge martyre, leur sœur et leur protectrice. Les différentes confréries marchent ensuite, puis les congrégations religieuses dont les costumes variés, comme leurs vocations diverses, rappellent les bienfaits qu'elles répandent, soit au chevet des malades, soit auprès des enfants dans les salles d'asile, les écoles et les pensionnats.

Mais quel est ce groupe formé autour de l'image de sainte Colombe et plus rapproché des saintes reliques ? C'est la société des demoiselles économes de la ville de Sens, portant les couleurs de la sainte martyre, parce que c'est à leur zèle que l'on doit cette châsse magnifique que vous allez admirer ; ce sont encore de jeunes filles appartenant à des familles peu aisées, que cette société charitable protège et qu'elle fait élever dans un ouvroir consacré à la vierge martyre ; ce sont enfin les religieuses de Sainte-Colombe, spécialement chargées par la Providence de faire refleurir le culte de la patronne du diocèse dont elles possèdent le glorieux tombeau.

Admirez maintenant ces phalanges nombreuses formées par le clergé du diocèse et par les prêtres accourus de plusieurs points de la France. Quel ordre admirable, quel saint recueillement ! Ici tous les rangs de la sainte hiérarchie se trouvent représentés :

l'humble lévite, les prêtres de la campagne et ses missionnaires, les dignitaires, le vénérable chapitre métropolitain accompagné de presque tous les chanoines du diocèse de Troyes, tous revêtus des insignes de leur dignité ou des splendides ornements dont l'Eglise veut que l'on relève le culte divin dans les jours solennels.

Ici apparaissait dans toute la splendeur de sa gloire celle qui était l'objet de cette fête, l'illustre vierge et martyre Colombe, qui parcourait alors triomphalement le même chemin que 1579 ans auparavant elle avait suivi, enchaînée pour la foi, traînée par des bourreaux et environnée d'une foule cruelle qui demandait son sang à grands cris. O admirable triomphe de la religion dans la perpétuité des siècles !

Le sarcophage attribué à saint Eloi et qui contient les précieuses reliques, était enfermé lui-même dans une châsse admirablement en harmonie avec sa destination, par sa fraîcheur et la délicatesse de son architecture élégante, par les ornements d'or, de fleurs et de riches broderies dont elle était parée. Quatre prêtres revêtus de brillantes dalmatiques portaient sur leurs épaules le précieux fardeau, quatre autres membres du clergé, choisis parmi les plus intéressés à la gloire de la sainte, tenaient les cordons d'une main et de l'autre la palme triomphale, puis quatre militaires, l'épée nue à la main, complétaient cette escorte d'honneur.

En sorte que l'on voyait manifestement représentées dans ce triomphe de la religion, les deux forces qui régissent le monde, la force physique et la force morale. La force physique se révélait par la présence des magistrats et par le glaive étincelant de ces généreux défenseurs de l'ordre public, et la force morale se trouvait noblement personnifiée dans le clergé, les chefs d'ordre religieux et surtout les vénérables prélats qui suivaient. « En effet, le R. P. de la Trappe de Staouëli, sur la poitrine duquel brille la croix de la Légion d'honneur, le R. P. Lacordaire, restaurateur de l'ordre des Frères Prêcheurs de Saint-Dominique en France, le R. P. Muard, fondateur de la maison si austère de la Pierre-qui-Vire, étaient là avec le costume et les insignes de leurs ordres respectifs. L'on voyait ensuite, au milieu de leurs vicaires généraux, Mᵍʳ l'évêque de Meaux, Mᵍʳ l'évêque de Nevers et enfin Mgr l'archevêque de Sens, tous en chape, la mître précieuse en tête et le bâton pastoral à main. Après les pontifes de l'Eglise marchait un brillant cortège d'autorités et de corps constitués, avec leur costume officiel, ainsi que la conférence de Saint-Vincent de Paul, conduite par son président et grossie de plusieurs membres des conférences étrangères. Enfin derrière le cortège se pressait une immense multitude, avide de voir ce magnifique triomphe d'une sainte martyre, quelque temps oubliée, mais autrefois si populaire, et de jouir de cet admirable spectacle (1). »

Sous chacun des arcs de triomphe que rencontrait le cortège, les saintes reliques s'arrêtaient un instant au

(1) M. F. Papillon.

milieu d'un nuage d'encens, la musique exécutait une symphonie, un de NN. SS. les évêques récitait une prière pour attirer la protection de la sainte Vierge et martyre sur tous les assistants et particulièrement sur les âmes chrétiennes qui avaient, par ces préparatifs, donné un témoignage de leur généreuse piété.

La première station eut lieu près de la chapelle des Sœurs de la Charité de Nevers, sous un dôme de verdure, orné de gracieuses guirlandes en feuillage. Non loin de là, en face de la maison-mère des religieuses de la Providence, s'élevait une porte triomphale qui livrait passage au cortège et à la foule par trois arcades romanes émaillées de fleurs les plus fraîches et surmontées d'une croix rayonnante, avec cette légende : *Veni,*

Columba mea, coronaberis. Chacun méditait encore ces paroles, si bien appropriées à la circonstance, lorsque les yeux furent frappés par cet autre passage de la sainte Ecriture : *Fortis est ut mors dilectio.* L'amour est fort comme la mort. On les lisait au frontispice d'un nouvel arc de triomphe élevé par la générosité de M. le maire de Saint-Clément, sur le pont qui sert comme d'entrée à ce modeste village. « Le style de la renaissance y étalait, dans d'élégantes peintures, les attributs du pontificat, et suspendait, par la main d'un ange gracieux, une couronne de gloire sur les saintes reliques de la vierge martyre. »

On arrivait ainsi, en passant sous des guirlandes et des couronnes, en face du chemin qui conduit à la fontaine d'Azon. Déjà une foule nombreuse s'y était portée ; mais ni le temps qui s'était écoulé rapidement, ni les chemins, rendus impraticables par la pluie de la veille, ne permirent de s'y rendre, et on dut se contenter de saluer la croix que l'on venait d'y ériger, par des fanfares et le chant de ces paroles du cantique :

> Le bourreau frappe, le sang coule,
> Des pleurs ont voilé tous les yeux,
> Colombe est morte... mais la foule
> Abjure à jamais ses faux dieux.
> Frais gazons, verts rameaux de chêne,
> Dressez-vous en arc triomphal,
> Murmure son nom, ô fontaine,
> Que rougit le sang virginal ;
> Sur tes bords, un jour, la prière,
> Encens des cœurs religieux,
> Avec les parfums de la terre,
> Montera doucement aux cieux.

Ce fut donc vers le monastère qui renferme le tombeau de la jeune martyre que la procession dirigea son cours. Il sera bien difficile à ceux qui n'en ont pas été les heureux témoins, de se faire une idée du spectacle gracieux, imposant et sublime qui se déroulait alors devant tous les yeux. Grâce à la sinuosité de la route qui serpente dans la plaine et s'étend du village de Saint-Clément à l'abbaye de Sainte-Colombe, chacun put embrasser d'un coup d'œil tout le vaste ensemble de ce magnifique cortège, dont les 2 600 membres n'occupaient pas moins de deux kilomètres en longueur. On ne pouvait détacher ses regards du spectacle saisissant de ces longues files de fidèles recueillis dans les charmes d'une sainte joie.

Au milieu des rangs, de distance en distance, brillait l'image de la croix et flottaient au vent vingt-deux bannières, tant de la Vierge que des saints protecteurs. Si l'on ajoute encore les

pieux accents des saintes mélodies,
l'éclatante blancheur des parures qui
tranchait sur la verdure des prairies,
les palmes par milliers que chacun portait à la main, et surtout l'arc de triomphe élancé dans les airs, sur lequel la
vue s'arrêtait dans le lointain, on
comprendra pourquoi l'émotion fut
alors si vive et si profonde, pourquoi
les larmes d'une attendrissante admiration vinrent mouiller délicieuse-
ment plus d'une paupière ! On croyait
voir comme une apparition de l'entrée
triomphante des justes dans la Jérusalem céleste. Mais cet arc de triomphe qui fit tant d'honneur au talent
de son architecte (1) qu'il fallut le
laisser plusieurs jours à l'admiration
du public, ne passons pas sans l'avoir
considéré. C'était l'élégante architec-

(1) M. Lefort, architecte à Sens.

ture ogivale qui, par des décors du meilleur goût, représentait en style du quinzième siècle une porte de nos belles cathédrales : la Reine des Vierges et des Martyrs en occupait gracieusement le centre, et de chaque côté, sous des clochetons ornés de fleurs et de verdure, on voyait les statues de saint Loup et de saint Eloi, deux illustres protecteurs de l'antique monastère. Les armes de l'abbaye royale, qui brillaient au sommet du triangle, en or et en argent sur un fond d'azur, étaient surmontées par l'étendard de la croix, tout émaillé des plus riches couleurs.

Entrons maintenant dans le domaine de notre chère sainte Colombe, domaine qu'elle a possédé depuis l'an de l'incarnation 274 jusqu'à nos jours, mais non sans quelque trouble. Nous savons, en effet, qu'au moment de l'invasion des Sarrasins, qu'à l'époque de l'irruption des Normands, et qu'aux jours néfastes des ravages du protestantisme, elle avait reçu une hospitalité passagère derrière les murs de la cité sénonaise, comme elle a trouvé un asile dans le trésor de sa cathédrale et chez ses fidèles habitants lors de la dernière tourmente révolutionnaire. Ainsi, plusieurs fois déjà, elle était rentrée dans sa maison après quelques années d'absence, mais l'histoire ne dit pas qu'elle y soit jamais revenue avec tant de magnificence. En effet, lorsque la châsse fut déposée dans la crypte nouvellement relevée sur les ruines de l'ancienne, lorsque l'insigne relique destinée à ce saint lieu fut déposée sur le trône qui l'attendait, il y eut un moment solennel...

toutes les voix s'unissaient pour chanter les louanges de Colombe, les musiques rivalisaient d'enthousiasme , toutes les cloches résonnaient dans les airs, l'écho multipliait les sons, et la terre semblait frémir sous les pas de la multitude ravie... Chacun alors pouvait dire :

Parmi tes chastes sœurs, ô ma blanche Colombe !
Tes restes vénérés vont dormir désormais
A l'ombre de ces lieux d'innocence et de paix,
Où, loin de ton berceau, tu vins chercher la tombe.
Sur le sol arrosé par ton sang, va surgir
Un monument pieux, où viendront d'âge en âge,
Les générations, devant la sainte image,
S'agenouiller, te prier, te bénir (1) !

En effet , une nouvelle cérémonie allait captiver l'attention générale. Le vénérable prélat officiant s'était rendu avec ses ministres, accompagné de NN.SS. les évêques et suivi des personnages les plus distingués du cortège,

(1) M. Robert.

11.

vers les fondations de l'abside de la future église, pour y placer solennellement, en 1853, une première pierre, semblable à celle qui avait été placée non loin de là, en 1143, par Henry Sanglier, alors archevêque de Sens.

Il serait trop long de redire ici la beauté simple et majestueuse en même temps des bénédictions et des cérémonies qui accompagnent l'imposition de la première pierre d'une église ; citons seulement cette consolante prière : « Répandez, Seigneur, vos bénédictions sur cette pierre, et par l'invocation de votre saint nom, accordez que tous ceux qui auront contribué à la construction de cette église, avec une grande pureté d'intention, en reçoivent pour récompense la santé du corps et la guérison de leur âme (1). »

(1) *Rituel romain,* p. 242.

« Cette première pierre ainsi consacrée par les cérémonies de la religion et protégée par les autorités qui
voulurent la frapper, ainsi que Nos
Seigneurs les évêques et tout le peuple, sera sans doute bien affermie et
deviendra la base d'un édifice digne
de sa noble destination. Nous ne
doutons pas que les humbles et excellentes religieuses qui se forment
là à l'exercice des vertus chrétiennes
et surtout de la charité pour l'enfance, ne trouvent près des reliques
de leur sainte patronne une source
de bénédictions nouvelles. Il s'en est
déjà produit quelques preuves, qui,
plus tard, se manifesteront sans
doute d'une manière éclatante (1). »

(1) M. Papillon fait ici allusion à une guérison
instantanée qui eut lieu tout auprès de la crypte
et en présence de tout le monde, en faveur d'une
religieuse du monastère, très dangereusement malade depuis longtemps.

Cependant la procession s'était remise en marche et se dirigeait vers la ville en traversant le faubourg Saint-Didier pour arriver à l'esplanade, où une dernière station, non moins magnifique que les autres, devait augmenter encore les saintes joies de cette bienheureuse journée.

« On est arrivé sur le frais gazon du Tapis-Vert, la procession se déploie dans toute sa majesté, une statue colossale de la Religion domine une estrade parée de fleurs et de magnifiques décors ; la châsse s'arrête au pied de l'estrade, les fanfares retentissent, puis aux sons harmonieux succède un profond silence qui n'est interrompu que par ce cri d'un capitaine à ses soldats : *Genoux, terre !!!* et toute la foule obéit. En effet, debout sur l'estrade, trois évêques et

un abbé, les yeux levés au ciel et la
main étendue sur la foule, s'apprê-
taient à la bénir (1).

Alors à cet instant sublime, solennel,
Chaque front s'inclina jusque dans la poussière,
Comme si le Très-Haut, de son trône éternel,
Allait nous apparaître, éclatant de lumière.
Oh ! pour l'âme chrétienne, instant délicieux ;
En extase, ravie, elle habitait les cieux,
Car une voix sonore, aimée, harmonieuse,
Une voix où semblait déborder le bonheur,
Planait sur cette foule agenouillée, heureuse,
Et, sur elle, appelait les bienfaits du Seigneur.
Le ciel vous entendit, ô Prélat vénérable,
Puisque tons, aux accents de votre noble voix,
Ressentirent une joie indicible, ineffable,
Et faisaient en pleurant le signe de la Croix (2) !

Et cependant de nouvelles émotions
devaient encore s'ajouter à tant d'é-
motions, comme pour les consacrer
et les imprimer ineffaçables dans tous
les cœurs. La rentrée dans la Métropole fut digne de tout ce qui venait

(1) M. Joiselle.
(2) M. Robert.

de ravir l'admiration à un si haut degré. En effet au moment où, aux accords de la musique et aux sons majestueux des bourdons, la châsse pénétrait radieuse dans l'enceinte sacrée, un cercle de jeunes filles ornées de roses et d'innocence faisaient tomber autour d'elle une pluie de fleurs, et les encensoirs des pieux lévites l'enveloppaient d'un nuage de parfums. Les ombres de la nuit qui tombait faisaient briller d'un plus vif éclat les milliers de flambeaux dont le chœur scintillait, l'autel tout ruisselant d'or était environné des ministres sacrés, le chant si solennel du *Te Deum* retentissait, comme le bruit des grandes eaux, sous les voûtes de l'antique cathédrale, l'agneau dominateur, le Dieu des Vierges et des Martyrs apparaissait dans toutes les splendeurs de sa gloire, pour bénir la foule pressée de ses enfants, qui venaient le remercier avec amour, de les avoir fait assister à une solennité, qu'ils ne croyaient pouvoir être surpassée que dans les cieux!...

Que dire maintenant de l'attitude de ces longues files de peuple qui bordaient les rues, les places publiques et les routes par où le cortège devait passer? Rien, depuis bien des siècles peut-être, n'avait excité l'enthousiasme religieux à un si haut degré. Ce n'était point un jour de dimanche et cependant les travaux étaient suspendus, on s'était spontanément revêtu de ses habits de fêtes, et chacun paraissait avoir l'intelligence de la touchante solennité qui se déroulait sous ses yeux. On ne paraissait point guidé comme on l'est dans les fêtes civiles, par un simple mouvement de curiosité naturelle : cette démarche était généralement un véritable acte de foi, une aspiration d'espérance, un élan des plus nobles et des plus purs sentiments. C'était surtout au moment où s'approchait la châsse brillante qui renfermait les restes de la sainte vierge et martyre que le respect devenant plus profond, faisait incliner les têtes ou ployer les genoux de cette foule recueillie dans une joie pleine d'attendrissement ; et ce silence solennel n'était interrompu que par ces paroles : *Voilà sainte Colombe ! O sainte Colombe ! Sainte Colombe, priez pour nous !*

On ne saurait dire combien d'illusions et de préjugés ont été dissipés dans ce beau jour, combien de saintes pensées ont illuminé les esprits même les moins bien disposés, combien de pieux sentiments et de promesses de retour à la religion ont pénétré les cœurs. C'était un saisissement plein de douceur, une joie universelle, et plusieurs disaient hautement que des effusions de grâces célestes sortaient de ces précieuses reliques pour se répandre comme une rosée bienfaisante sur la foule électrisée. Déjà plusieurs âmes, comme des prémices d'une plus ample moisson, ont cédé à ces heureuses influences. Regardez bien, disait une mère à ses enfants, dans l'ivresse de sa joie, regardez bien, car ce n'est ni vous ni moi qui verrons jamais rien de semblable! Pour moi, disait, le lendemain de la fête, un membre de cette brave gendarmerie qui s'est si bien placée dans l'estime publique, pour moi, je suis plus satisfait d'avoir participé à la solennité d'hier que d'avoir saisi trente malfaiteurs. J'ai assisté déjà, disait le R. P. L., à plusieurs cérémonies de ce genre, je ne pense pas en avoir vu d'aussi belles et surtout d'aussi pleines d'espérances !

Il nous est impossible de rapporter ici toutes les paroles pleines d'enthousiasme échappées du cœur de la plupart de ceux qui avaient été témoins de ce religieux spectacle ! Un mot encore cependant, qui résumera et justifiera ce qui vient d'être dit. Dès le lendemain du grand jour, M. l'abbé Chauveau, vicaire général du diocèse, écrivait dans le journal *le Sénonais* une lettre qui exprimait les sentiments de Mgr l'Archevêque de Sens et que nous citerons en partie :

« C'était hier la grande solennité de notre

sainte Colombe, et l'*antique ville des Sénonais* a semblé se renouveler de toute la jeunesse de sa foi catholique.

« Oui, les feuilles publiques rediront à la France, au monde entier, le spectacle imposant de toute une population se ralliant sans distinction d'opinions, *au simple avis* de son archevêque, sous l'étendard pacifique de la croix ; elles rediront le concours empressé des peuples, le zèle des magistrats, le dévouement de cette jeunesse travailleuse, si bien nommée l'*Union musicale*, qui, hier, comme toujours, a voulu prêter son concours à cette pieuse et touchante cérémonie, parce qu'elle sait que ce que l'on donne à la religion n'est jamais perdu.

« D'autres feront connaître les détails de cette fête véritablement religieuse et civique ; ils rediront comment chacun a voulu contribuer à l'embellir.

« D'autres parleront de ces cinq mille personnes suspendues à la voix du célèbre orateur, de la piété de ce bon peuple prosterné sous la main bénissante des pontifes réunis au pied de la croix.

« Pour moi, interprète fidèle des pensées de notre vénérable archevêque, je n'éprouve aujourd'hui qu'un besoin, celui de remercier hautement de leur concours empressé tous mes concitoyens. »

Partout on racontait avec entraînement les scènes émouvantes dont on avait été témoin, partout on excitait de vils regrets dans ceux qui n'avaient pas eu le bonheur de participer à cette fête et un grand désir de la voir se renouveler bientôt. C'est là sans doute ce qui amena les jours suivants un nombre considérable de pèlerins qui venaient, même de bien loin, vénérer les reliques et le tombeau de sainte Colombe. Ce mouvement religieux ne s'est pas affaibli : tous les jours, encore après deux mois écoulés, on rencontre de pieux visiteurs sur la route de Sens au monastère de Sainte-Colombe. Ainsi s'est inaugurée la renaissance du saint pèlerinage autrefois si fréquenté par nos ancêtres ; mais pour développer ces heureux germes, pour que l'œuvre de Dieu se poursuive, il fallait une église ; disons comment elle a été construite.

XIV

L'auteur de l'histoire de sainte Colombe, et de la vie du R. P. Muard, n'est plus. Dieu, pour récompenser le bon et fidèle serviteur, l'a rappelé à lui le 28 octobre 1863. Sa mort a été l'écho de sa vie, précieuse et sainte : *Pretiosa in conspectu Domini mors sanctorum ejus*. (Ps. 115, 15.) Qu'il repose en paix, et qu'il soit permis à son indigne successeur dans les fonctions d'aumônier, après lui avoir payé le tribut de sa respectueuse admiration, d'écrire aussi brièvement que possible les merveilles opérées par la charité, pour l'achèvement de l'œuvre qu'avait entreprise M. l'abbé Brullée.

Le modeste oratoire construit sur les murs de la crypte, qui était de fort petite dimension, ne suffisait ni à son zèle, ni au culte de notre sainte Patronne ; c'était une pierre d'attente, un premier hommage et déjà une grande consolation.

Dans le courant des années 1852 et 1853, des fouilles avaient été faites en tous sens sur l'emplacement de l'ancienne basilique. On voyait souvent le digne aumônier, une sonde à la main, explorer ces lieux à jamais mémorables, recueillir des souvenirs et mûrir son idée : il ne songeait à rien moins qu'à bâtir une église.

« Une église, écrivait-il lui-même à ce sujet..., c'est la maison de Dieu parmi les hommes ; c'est l'asile paisible et silencieux de l'âme qui, dégagée pour un moment des embarras du siècle, vient confier à Dieu dans l'intimité de la prière, ses faiblesses, ses désirs, ses joies et surtout ses peines, car, hélas ! elles se multiplient à mesure que l'on avance dans les sentiers de la vie. Une église, c'est un palais qui réunit dans sa majestueuse simplicité tout ce que la création peut offrir de plus grand et de plus pur ; c'est là que l'architecte étale, dans leurs plus gracieux contours, toutes les merveilles de son art ; c'est là que la peinture retrace le long des parois et sur d'éblouissantes verrières l'histoire du monde, les vérités de la doctrine chrétienne et les touchantes légendes de nos saints. C'est là que la musique, ramenée à sa véritable destination, fait entendre ces chants harmonieux et pénétrants qui remuent doucement les cœurs..... N'est-ce pas dans l'enceinte de l'Eglise que retentissent les paroles de la véritable éloquence, persuadant à l'homme les vérités les plus relevées, les devoirs les plus impérieux, les vertus les plus sublimes, les sacrifices les plus généreux ? Que si votre âme et vos yeux ont besoin de spectacles, où en trouverez-vous de plus nobles, de plus grands, de plus imposants que ceux que déroulent sans cesse les diverses cérémonies du culte catholique? Oui, c'est une des plus belles œuvres auxquelles l'homme puisse concourir que la construction d'une église, de ce magnifique palais qui appartient également au pauvre et au riche, puisque c'est la demeure de Dieu au milieu des hommes. Mais quel nouveau degré d'importance n'acquiert pas cette grande œuvre, quand la basilique doit être construite sur le tombeau même d'une jeune vierge et martyre, qui a donné sa vie à la fleur de son âge, il y a tant de siècles, pour la même foi qui fait encore aujourd'hui notre consolation et notre espérance ! Quand nous savons que depuis les premiers âges du christianisme, il y a toujours eu dans ce lieu sacré un temple où les peuples, les grands, les rois, les souverains pontifes et des saints eux-mêmes, sont venus implorer la protection de notre auguste patronne ! »

Son intention toutefois n'était pas de construire l'édifice en entier, mais de commencer par bâtir autour du tombeau une crypte assez vaste pour le service de la communauté et du pèlerinage qu'il songeait à rétablir, puis, d'élever le chœur supérieur, abandonnant l'achèvement à ceux qui viendraient après lui; et c'est ce qui eut lieu.

Vous vous souvenez, pieux lecteurs, que la première pierre fut posée et bénite dans le cours de la translation solennelle des reliques, le mardi 30 août 1853. Le même jour commença aussi la première neuvaine solennelle en l'honneur de sainte Colombe. Elle a été suivie avec une grande dévotion par plusieurs personnes étrangères à la communauté. Précieuses semences qui ont grandi depuis, et qui tendent à se développer encore pour la sanctification des âmes.

Cependant les travaux dont la direction a été confiée à un architecte distingué de la ville de Sens et maintenant bien connu, M. L. Lefort, ne commencèrent pas immédiatement : il fallait prier, car, si Dieu ne bâtit la maison, c'est en vain que les hommes travaillent à la construire (1) ; et, d'après cette maxime approuvée, « aide-toi, le ciel t'aidera, » il fallait aussi rassembler quelques ressources matérielles.

Le projet de reconstruction fut donc porté à la connaissance des fidèles et recommandé à leur générosité. On organisa une souscription, et on envoya des listes d'adhésion dans toutes les paroisses du diocèse.

Cet appel de la piété trouva de l'écho dans les âmes : des prêtres,

-----

(1) Nisi Dominus ædificaverit domum, in vanum laboraverunt qui ædificant eam. (Ps. 126, 1.)

des laïques, des instituteurs, des femmes du monde, de simples servantes demandèrent à être correspondants et se mirent à propager l'œuvre avec un zèle digne des plus grands éloges. Chacun apportait son tribut et donnait selon ses moyens ; de grandes dames vendirent leurs bijoux et en offrirent le prix ; deux jeunes enfants firent dans ce but des quêtes domestiques ; deux petites filles envoyèrent leur souscription avec ces mots : « Nous n'avons pour « toute fortune qu'une petite brebis, « et nous vous sacrifions le prix de « sa toison. » Naïve et sainte pensée dont Dieu n'a pas perdu le souvenir.

Bientôt le dévoué serviteur de sainte Colombe se vit en mesure de mettre la main à l'œuvre. Le dimanche 13 avril 1856, il bénit les anciennes fondations retrouvées à un mètre environ du sol et parfaitement conservées. C'est sur elle que s'élèvera la nouvelle église. Le lendemain les maçons bâtissaient, et, dans le courant de l'année suivante, les murs se trouvèrent montés au niveau des voûtes de la crypte; on cintra les cinq fenêtres qui éclairent le tombeau.

Tout semblait aller à souhait ; cependant M. Brullée, toujours prudent et sage, voulut intéresser à son entreprise la plus haute autorité que Dieu ait mise sur la terre, obtenir son approbation, et des faveurs spirituelles mille fois plus précieuses à ses yeux que l'or et l'argent.

De même que saint-Paul, comme il est écrit dans l'épître aux Galates (Ch. I, v. 18), vint à Jérusalem pour y voir Pierre, ainsi l'apôtre de sainte Colombe, le restaurateur de son culte au milieu de nous, alla voir le successeur de Pierre, le Vicaire de Jésus-Christ : le grand cœur de Pie IX l'attirait.

Il part donc pour Rome en septembre 1857, et il s'y trouve si bien qu'il ne rentre au monastère que le 10 février suivant ; encore dut-il se faire violence pour s'arracher à la contemplation des beautés sans nombre qu'il rencontrait dans la ville éternelle.

Il n'en revint pas les mains vides : en effet, il avait eu le bonheur d'obtenir, le 20 novembre, la bénédiction apostolique, écrite et signée de la main du Saint-Père, pour toutes les personnes charitables qui voudraient bien concourir par leurs dons à la construction de l'église de Sainte-Colombe.

Voici en quels termes cette bénédiction, qui a été si féconde, était conçue : *Benedicat vos Deus et custodiat corda vestra et intelligentias vestras.* — Pius P. P. IX. « Que Dieu vous bénisse, et qu'il garde vos cœurs et vos intelligences. » Ainsi le pape Alexandre III consacrait en 1164 la troisième église construite sur le tombeau de la martyre, église que les Vandales du XVIIIe siècle ont renversée, et voici que Pie IX, l'intrépide défenseur de la vérité, de la justice et du droit, accorde une bénédiction qui fera réussir l'œuvre réparatrice.

Ce magnanime Pontife ne s'en tint pas là. Voulant donc récompenser et enflammer de plus en plus la piété des fidèles envers la vierge Colombe, il daigna accorder à perpétuité des grâces excellentes, contenues dans un bref

daté du 15 décembre de la même année, dont voici la traduction exacte :

PIE P. P. IX.

Pour mémoire perpétuelle de la chose.

Pieusement attentif à la distribu-
tion des célestes trésors de l'Eglise,
pour contribuer à l'augmentation de
la religion des fidèles ainsi qu'au salut des âmes, Nous accordons miséri-
cordieusement dans le Seigneur, une
indulgence plénière de tous leurs péchés à tous les fidèles de l'un et l'autre

---

PIUS P. P. IX.

Ad perpetuam rex memoriam

Ad augendam fidelium religionem, et
animarum salutem cœlestibus Ecclesiœ
thesauris pia charitate intenti, omnibus et
singulis utriusque sexus Christi fidelibus,
vere pœnitentibus, et confessis, ac s. com-
munione refectis, qui Hypogeum Paro-

sexe qui, vraiment pénitents, s'étant confessés et ayant reçu la sainte communion, auront dévotement visité la crypte sacrée de sainte Colombe, vierge et martyre, dépendante de l'église paroissiale de Courtois (1), au diocèse de Sens, et y auront répandu de pieuses prières pour la concorde entre les Princes chrétiens, l'extirpation des hérésies et l'exaltation de la sainte Eglise, notre mère, le *trente et un du mois de décembre*, à partir

chialis Ecclesiæ loci vulgo Courtois nuncupat. Senonem. Diœc. Sanctæ Columbæ V. et M. sacrum, die trigesimo primo mensis decembris a primis vesperis usque ad occasum solis diei hujusmodi : item die vigesimo octavo mensis julii, quo festum ibidem sanctæ Columbæ V. et M. celebratur aut uno ex octo diebus continuis immediate

(1) Aujourd'hui Saint-Denis.

des premières vêpres jusqu'au coucher du soleil de ce même jour; également le *vingt-huit juillet,* jour auquel on célèbre la fête de la même sainte Colombe, *ou l'un des huit jours qui suivent immédiatement la fête au choix de chacun des fidèles.*

De plus, nous accordons, dans la forme ordinaire de l'Eglise, la relaxation de sept ans et d'autant de quarantaines, sur les pénitences enjointes ou encourues de quelque ma-

---

vel anteceden. vel subsequen. Uniuscujusque Christifidelis arbitrio sibi deligen. devote visitaverint, et ibi pro Christianorum Principum concordiâ, hæresum exstirpatione, ac S. Matris Ecclesiæ exaltatione pias ad Deum preces effuderint, quo die præfatorum id egerint, Plenariam omnium peccatorum suorum indulgentiam, et remissionem misericorditer in Domino

tière que ce soit, à tous ceux qui, *le dernier dimanche de chaque mois,* auront visité, étant au moins contrits de cœur, ladite crypte de sainte Colombe et y auront prié aux mêmes intentions que ci-dessus.

Enfin, Nous accordons également dans le Seigneur, que toutes et chacune de ces indulgences susmentionnées soient applicables, par manière de suffrage, aux âmes des fidèles qui

---

concedimus. Qui vero memoratum Hypogeum postrema cujusque mensis Dominica corde saltem contriti visitaverint, ac, ut supra, ibi oraverint, septem annos, et totidem quadragenas de injunctis eis, seu alias quomodolibet debitis pœnitentiis in forma Ecclesiæ consueta eisdem relaxamus. Quæ omnes, et singulæ indulgentiæ, peccatorum remissiones, ac pœnitentiarum relaxationes ut etiam animabus Chris-

sont parties de ce monde unies à Dieu par la charité.

Voulons que nonobstant les oppositions, de quelque part qu'elles viennent, les présentes aient leur effet perpétuellement dans les siècles futurs.

Donné à Rome, près de Saint-Pierre, sous l'anneau du Pêcheur, le 15 décembre 1857, de notre Pontificat la douzième année.

---

tifidelium, quæ Deo in charitate conjunctæ ab hac luce migraverint, per modum suffragii applicari possint pariter in Dno impertimus. In contrarium facientibus non obstantibus quibuscumque. Præsentibus perpetuis futuris temporibus valituris.

Datum Romæ apud S. Petrum sub annulo Piscatoris die xv Decembris MDCCCLVII. Pontificatus Nostri anno duodecimo.

nité, sa pureté, sa prudence et sa circonspection,
nous aussi, purifiés par son intercession, nous
remportions comme elle la palme de la victoire et
méritions d'arriver jusqu'à vous, qui êtes le Rédempteur éternel. Ainsi soit-il (1).

Trois fois *Gloria Patri,* etc.

LITANIES

Seigneur, ayez pitié de nous.

Christ, ayez pitié de nous.

Seigneur, ayez pitié de nous.

Christ, écoutez-nous.

Christ, exaucez-nous.

Père céleste, qui êtes Dieu, ayez pitié de nous.

Fils, Rédempteur du monde, qui êtes Dieu, ayez
pitié de nous.

Esprit saint, qui êtes Dieu, ayez pitié de nous.

Trinité sainte, qui êtes un seul Dieu, ayez pitié de
nous.

Bienheureuse sainte Colombe, intercédez pour
nous.

Jeune Vierge, qui êtes d'une grande bonté, intercédez pour nous.

Vierge, qui êtes invoquée partout, intercédez pour
nous.

Vierge, qui avez été choisie entre toutes les vierges, intercédez pour nous.

Vierge, qui n'avez recherché en tout que la sagesse, intercédez pour nous.

(1) *Extrait du Missel Mozarabe.*

Vierge, qui avez embrassé avec ardeur la foi chrétienne, intercédez pour nous.

Vierge, qui avez mis toute votre espérance dans le Seigneur, intercédez pour nous.

Vierge, qui ne pensez qu'aux intérêts du Seigneur, intercédez pour nous.

Vierge, qui n'avez fait en tout que la volonté du Seigneur, intercédez pour nous.

Vierge, qui avez été chaste de corps et d'esprit, intercédez pour nous.

Vierge, qui êtes l'exemple des vierges, intercédez pour nous.

Vierge, qui avez été digne d'entrer avec le Seigneur dans la salle des noces, intercédez pour nous,

Colombe, généreuse martyre, intercédez pour nous.

Martyre, qui avez été embrasée des feux du pur amour, intercédez pour nous.

Martyre, qui avez su mépriser les biens de ce monde, intercédez pour nous.

Martyre, qui avez toujours désiré les biens du ciel, intercédez pour nous.

Martyre très patiente dans les douleurs, intercédez pour nous.

Martyre, qui avez été condamnée aux bêtes les plus farouches, intercédez pour nous.

Martyre, qui avez été éprouvée par le feu, intercédez pour nous.

Martyre, qui avez été délivrée de la fureur des passions, intercédez pour nous.

Martyre, qui avez su remporter la victoire dans les plus rudes combats,

Martyre, qui avez combattu pour la justice jusqu'à la mort,

Martyre, qui vous vous êtes plu dans les plus cruels dangers pour l'amour de Jésus-Christ,

Martyre, qui vous êtes consolée au milieu des tribulations,

Martyre, qui avez laissé la mémoire de votre mort comme un exemple de votre vertu et de votre courage,

Martyre, qui avez triomphé et qui portez une couronne éternelle,

Afin que le Seigneur nous soit propice dans toutes nos adversités, intercédez pour nous.

Afin que le Seigneur nous délivre de toutes mauvaises pensées, intercédez pour nous.

Afin que le Seigneur nous accorde une vraie componction de cœur, intercédez pour nous.

Afin que le Seigneur nous accorde une véritable pénitence, intercédez pour nous.

Afin que le Seigneur nous accorde la rémission de tous nos péchés, intercédez pour nous.

Afin que le Seigneur augmente en nous la foi l'espérance et la charité, intercédez pour nous.

Afin que le Seigneur dirige toujours nos pensées vers les biens célestes, intercédez pour nous.

Afin que le Seigneur écoute nos prières, intercédez pour nous.

Afin que le Seigneur nous protège dans nos tribulations, intercédez pour nous.

Afin que Dieu nous enseigne à faire sa sainte volonté, intercédez pour nous.

Afin que Jésus-Christ dirige nos pas dans la voie de la paix, intercédez pour nous.

Afin que le Saint-Esprit, toujours bon, nous conduise dans le droit chemin du salut, intercédez pour nous.

Agneau de Dieu, qui attirez les vierges par le pur amour, ayez compassion de nous.

Agneau de Dieu, qui adoucissez la douleur des plaies des martyrs, ayez pitié de nous.

Agneau de Dieu, qui faites le bonheur éternel des vierges et des martyres, ayez pitié de nous.

Christ, écoutez-nous.

Christ, exaucez-nous.

ORAISON

Mon Dieu, qui avez bien voulu envoyer du ciel une pluie abondante pour éteindre les flammes du feu dont sainte Colombe, vierge et martyre, était environnée, nous vous prions de nous envoyer, par son intercession, la rosée salutaire de votre miséricorde, pour nous garantir des traits envenimés de l'ancien serpent. C'est la grâce que nous vous demandons par. Ainsi soit-il.

CHANT

EN L'HONNEUR DE SAINTE COLOMBE

AIR : *Par les chants les plus magnifiques.*

I.

O Sens, noble cité de France,
Réjouis-toi dans ce grand jour,
Exalte ta reconnaissance,
Honore la vierge martyre,
COLOMBE qui veille sur toi,
Qui rajeunit d'un doux sourire
Quinze siècles d'antique foi. } bis.

II.

Aimable fleur de l'Ibérie,
Que t'importe un bandeau royal ?
Pour toi le ciel est la patrie
Qui séduit ton cœur virginal.
En pleurant tu quittas ton père
Pour fuir sa déplorable erreur ;

256

La religion fut ta mère,
Et le vrai Dieu ton protecteur.   bis.

III.

Tu craignais pour ton innocence,
Et voici le César romain !
Tremble et redoute sa vengeance.
Le glaive a brillé dans sa main...
Quoi ! ton regard simple et candide,
Noble vierge de dix-huit ans,
Glace de peur le front livide
De tes bourreaux, de tes tyrans !!!   bis.

IV.

A l'effroi succède la rage
Rage qui veut par l'impudeur
Souiller Colombe, chaste image
De la Mère du Rédempteur !
O miracle ! un monstre en furie
De la vierge se fait le gardien,
Et le séducteur tombe et prie
En s'écriant : *Je suis chrétien !*   bis.

V.

Au récit du nouveau prodige
Le sourd aiguillon des remords

Pousse le César au vertige ;
Il tente de subtils efforts :
« De mes mains reçois la couronne ;
« Viens, dit-il, mon fils est à toi ;
« Viens, ma clémence te pardonne
« Et t'accorde un sceptre de roi. »   bis.

VI.

« Gardez ce pompeux diadème,
« Tout mon espoir est dans les cieux,
« Jésus est mon amour suprème.
« Jésus, mon époux glorieux .
« Honneurs, menaçante parole,
« N'ont sur mon àme aucun pouvoir ;
« Mon front aspire à l'auréole
« Des saints martyrs d'un sa'nt devoir. »   bis.

VII.

Ces mots allument la colère
Du fier tyran de l'univers.
A Dieu rendant guerre pour guerre,
Il charge la vierge de fers.
Le bourreau frappe, le sang coule.
Des pleurs ont voilé tous les yeux.
Colombe est morte... mais la foule
Abjure à jamais ses faux dieux.   bis

VIII.

Frais gazons, verts rameaux de chêne,
Dressez-vous en arc triomphal.
Murmure son nom, ô fontaine
Que rougit le sang virginal ;
Sur tes bords, un jour, la prière,
Encens des cœurs religieux,
Avec les parfums de la terre,
Montera doucement aux cieux.   bis.

IX.

Plus loin, sur une simple pierre,
Voyez-vous ce temple surgir.
Salut ! ô pieux monastère
Que tes vertus feront fleurir !
En ces beaux lieux, venez en foule.
Pauvres et rois, saints et pécheurs,
Accourez !... Mais le temple croule
Sous le bras des blasphémateurs !   bis.

X.

Chrétiens, nous laverons ces crimes
D'un siècle de vils apostats,
Dont le fer prenait pour victimes
Temples, pasteurs et potentats.

J'entends le marteau qui résonne ;
Le marbre s'anime et grandit,
Il monte encore, et l'heure sonne,
L'œuvre est faite et Dieu la bénit.　bis.

XI.

COLOMBE, ô toi notre patronne.
Qui, près de Dieu, nous tends les bras
Et sur nous suspends la couronne,
Prix immortel de nos combats,
Grave dans nos cœurs ta mémoire,
Embrâse-les de piété,
Conduis-nous sur ton char de gloire,
Au séjour de l'éternité !　bis.

15.

HYMNE

A SAINTE COLOMBE

POUR LA NEUVAINE FONDÉE EN SON HONNEUR

A L'ÉPOQUE DE SA FÊTE

LE 28 JUILLET

A L'ANCIENNE ABBAYE DE SAINTE-COLOMBE-LEZ-SENS

PAR J.-B. BUZY

Professeur au Lycée de Sens.

AIR : *C'est le nom de Marie.*

REFRAIN.

Gloire à sainte Colombe !
Consacrons-lui nos cœurs !
Déposons sur sa tombe
Et nos vœux et des fleurs.

I.

D'une rive lointaine
D'où nous vient cette enfant ?

Quel souffle nous l'amène ?
Quel main la défend ?

Le Tout-Puissant l'appelle,
Et docile à sa voix,
L'héroïne fidèle
Vole, en portant la croix.

« Adieu, chère montagne !
« Amis, parents, adieu !
« Loin du soleil d'Espagne,
« Je vais chercher mon Dieu. »

Ainsi quand Dieu m'appelle,
O Vierge, inspire-moi,
Enflammé de ton zèle,
D'obéir comme toi.

II.

Montrez-moi l'onde vive
Qu'un prodige divin
A l'humble fugitive
Fit voir sur le chemin !

Je veux boire à cette onde
Que sa foi fit jaillir ;
A sa source féconde
Je veux me rafraichir.

Dans ce désert aride,
Sans fleurs et sans ruisseaux,
En vain mon âme avide
A cherché le repos.

Sur la terre étrangère,
Découvrez-moi, Seigneur,
Un fleuve salutaire
Où s'abreuve mon cœur !

III.

Si l'Espagne vénère
Et chérit son berceau,
Notre tendresse est fière
De garder son tombeau.

Partout en France on l'aime ;
Et Vienne a protégé (*)
Les fonts du saint baptême
Où son corps fut plongé.

Ainsi le ciel, sans doute,
A permis qu'ici-bas
Sa trace sur la route
Pût diriger nos pas.

(*) En Dauphiné.

O Vierge ! sois mon guide,
Ma sœur et mon secours !
Sous ta puissante égide
Abrite-moi toujours !

IV.

En toi, sainte Patronne,
Sens a mis son espoir !
Les coteaux de l'Yonne
Sont heureux de te voir !

Tes jeûnes et tes veilles,
Fécondés par la Croix,
Feront plus de merveilles
Que le sceptre des rois !

Ta jeunesse en prière
Sur les tombeaux des Saints
Y puise un caractère
Et des traits surhumains !

Quoi, dit-on, cette femme,
Cette vierge à genoux
A-t-elle donc une âme
Plus puissante que nous ?

V.

Mais la lutte commence ;
L'enfer, dans ses transports,
Contre tant d'innocence
Arme tous ses efforts

Déjà Satan se lève ;
Mais sache, Aurélien,
Que le fer de ton glaive
Sur la foi ne peut rien !

Frappe, et qu'il te souvienne
Que les fers et les coups,
Pour une âme chrétienne,
C'est le sort le plus doux !

Que mon cœur, grande sainte,
Brûle du même feu,
Et n'ait point d'autre crainte
Que de déplaire à Dieu !

VI.

« Ton nom ? » — « Je suis chrétienne !
« Dieu, c'est l'unique appui
« Qui m'aide et me soutienne ;
« Et ma force est en lui.

« C'est lui notre espérance ;
« Sa droite nous bénit ;
« Lui seul nous récompense,
« Et seul il nous punit.

« Qu'importe cette vie !
« Je consens à souffrir.
« Au ciel est ma patrie :
« Je suis prête à mourir ! »

Qu'ainsi plutôt j'expire,
Seigneur, que de tomber !
Mille fois le martyre,
Avant de succomber !

VII.

Tyran, ta fureur même,
Auprès du Tout-Puissant.
Prépare un diadème
A ce front innocent !

Si ta main sacrilège
La destine au bûcher,
Du Dieu qui la protège
L'ange va s'approcher !

Daniel connut cet ange :
C'est l'ange protecteur
Par qui le feu se change
En brise de fraîcheur.

Grâces vous soient rendues,
Mon Dieu, vous, dont les mains
Sont toujours étendues
Pour défendre vos saints !

VIII.

Vierge aimable, tes armes,
C'est la paix de ton cœur !
Tu n'avais d'autres charmes
Que ceux de ta candeur !

Courage, ô ma patronne !
Ton front obéissant
Trouvera sa couronne
Dans les flots de ton sang !

Ah ! tremble, César, tremble !
La vierge et le bourreau
Un jour doivent ensemble
Renaître du tombeau.

L'une sera plus belle ;
Son front plus éclatant ;
Et toi, juge infidèle,
Déjà l'enfer t'attend !

IX.

L'heure approche ; elle prie,
Et tombe, faible agneau.
Mourante, elle crie :
« Grâce pour mon bourreau ! »

Adieu, sainte martyre !
Les cieux chantent en chœur.
J'entends les anges dire :
« Viens, Colombe, ma sœur !

« Viens prendre la couronne
« Que l'Epoux glorieux
« A son Epouse donne
« Dans la splendeur des cieux ! »

Daigne sauver mon âme
Et la prendre avec toi
Sur tes ailes de flamme,
O Vierge ! emporte moi !

X.

Elle a fui de ce monde.
Comme l'eau des vallons,
Qui passe, mais féconde
Les fruits et les moissons.

Elle a fui ; mais sa gloire,
Mais son doux souvenir
Semble dans notre histoire
Sans cesse refleurir.

Les vierges la vénèrent,
Elle aime les enfants ;
Et les princes baisèrent
Ses pieux ossements.

Vivante en nos annales,
Son nom, ses traits chéris,
Ses vertus virginales
Dans nos cœurs sont écrits.

REFRAIN

Gloire à sainte Colombe !
Consacrons-lui nos cœurs !

269

Déposons sur sa tombe
Et nos vœux et des fleurs !

VU ET APPROUVÉ :

A Sens , le 28 juillet 1864

    † J. M. *Archevêque de Sens.*

CANTIQUE

POUR

LA PROCESSION DE SAINTE COLOMBE

Colombe, vierge glorieuse,
Des cieux habite les splendeurs !
Sur sa dépouille bienheureuse
A pleines mains jetons des fleurs.

Qu'elle est aimable, qu'elle est belle,
La Vierge qui descend des monts,
D'où viens-tu, Colombe fidèle?
Fuis-tu la fureur des démons ?
A ta démarche noble et fière,
L'œil reconnaît l'enfant des Rois;
Au feu si doux de ta paupière,
Le pieux enfant de la croix.
    Colombe, vierge glorieuse, etc.

Hélas ! sur la plaine brûlante
Colombe et les siens vont mourir!
Comment calmer leur soif ardente?
Quel ange ira les secourir ?
La vierge au Dieu sauveur du monde
Adresse ses tendres accents,
Et soudain du sol en feu l'onde
Jaillit, et ranime leurs sens.

    Colombe, vierge glorieuse, etc.

Vienne, dis-nous son allégresse
Quand ton Pontife l'accueillit ;
Dis-nous de quelle douce ivresse
Colombe heureuse a tressailli,
Lorsque, dans la sainte fontaine,
Son front enfin régénéré
Reçut et l'onction de Reine,
Et du Christ le signe adoré.

    Colombe, vierge glorieuse, etc.

Fille du ciel, chaste Colombe,
Quelle voix, quel attrait vainqueur
Te dirige vers une tombe,   -
Loin de Vienne, chère à ton cœur ?
Le Dieu qui donne la victoire
T'a-t-il fait voir le sol heureux

Où le diadème de gloire
Doit ceindre ton front généreux ?
   Colombe, vierge glorieuse, etc.

Près de la crypte vénérée
Où repose Savinien,
Tu revets l'armure sacrée ;
Va, ne crains point Aurélien.
Qu'il vienne le tyran farouche
Avec la flamme, avec le fer :
Jésus parlera par ta bouche ;
Ris-toi des assauts de l'enfer.

   Colombe, vierge glorieuse, etc.

César, pour dompter ton courage,
Et te gagner à ses desseins,
Supplie, ou fait gronder sa rage,
Mais en vain : Dieu garde les Saints.
Ton cœur dédaigne et sa menace
Et les biens qu'il montre à tes yeux.
Vierge héroïque, ton audace
Brave le tigre furieux.

   Colombe, vierge glorieuse, etc.

Hélas ! ta grâce virginale,

O Colombe, va donc périr !
César, en sa rage infernale,
César jure de la flétrir.
Espère en la force divine ;
De Jésus n'es-tu pas l'enfant ?
Un ours de la forêt voisine
Vient te défendre du méchant.

  Colombe, vierge glorieuse, etc.

Blanche Colombe, sous ton aile
Abrite-moi des feux du jour ;
Obtiens que je reste fidèle
Au joug si doux du pur amour.
Oui, fais par ta sainte prière
Que, malgré ma fragilité,
Je demeure sous la bannière
De l'aimable virginité.

  Colombe, vierge glorieuse, etc.

Mais d'où vient cette flamme ardente
Qui va consumer la prison ?
Tyran, ta fureur impuissante
En vain allume ce brandon.
Contre l'âme chaste qui prie
Que peuvent les feux dévorants ?

Colombe a crié vers Marie,
Et l'eau du ciel tombe à torrents.
  Colombe, vierge glorieuse, etc.

Gloire à la Vierge magnanime !
César est frappé de stupeur...
Bientôt sa rage se ranime ;
A l'orgueil a cédé la peur.
Colombe alors est rappelée
Devant l'inique tribunal ;
Par le fer elle est mutilée
Le sol boit son sang virginal.
  Colombe, vierge glorieuse, etc.

Ni les charmes de l'innocence,
Ni les grâces de la beauté,
Hélàs ! n'ont la moindre puissance
Sur l'âme du monstre irrité.
Il veut, il ordonne, l'impie !
Que le sol d'un sang pur baigné,
Qu'une cruelle mort expie
Son profane amour dédaigné.
  Colombe, vierge glorieuse, etc.

Des licteurs la troupe inhumaine
Docile à l'ordre du tyran,

Saisit la victime, et l'entraine
Aux lieux où doit couler son sang
Colombe allait, paisible hostie,
Heureuse de mourir pour Dieu ;
Et, l'œil levé vers la patrie,
Aux siens elle disait adieu.

Colombe, vierge glorieuse, etc.

En invoquant Jésus, Marie,
Colombe arrive au pré d'Azon ;
Un instant encore elle prie
A deux genoux sur le gazon,
Sa vie offerte, elle se lève,
Et penche son front radieux ;
Le licteur a lancé son glaive,
Et la Vierge s'envole aux cieux.

Colombe, vierge glorieuse, etc.

Vierges, chœurs immortels des Anges.
Martyrs au regard triomphant,
Ouvrez vos heureuses phalanges,
Recevez l'angélique enfant.
Que l'âme sainte de Colombe
S'enivre à l'éternel banquet ;
Ici nous garderons sa tombe

Avec amour, avec respect.
  Colombe, vierge glorieuse, etc.

Jadis la crypte vénérée
Vit s'incliner le front des Rois,
Jadis la tiare sacrée
S'y prosterna plus d'une fois ;
Mais depuis, crypte désolée,
Des hommes ivres de fureur
T'avaient à la terre égalée,
En des jours de crime et d'horreur,
    Colombe, vierge glorieuse, etc.

Seigneur, fais briller ta clémence,
Le temps des erreurs est passé ;
Ne punis pas de sa démence
Les enfants d'un âge insensé.
Par eux de la douce Colombe
L'autel antique est rebâti,
Par eux la glorieuse tombe
De saints cantiques retentit.

    Colombe, vierge glorieuse, etc.

Colombe, ô vierge tutélaire,
Honneur du peuple sénonais,
Ton nom quinze fois séculaire,

Vivra dans mon cœur à jamais!
Veille sur moi, sainte Patronne ;
Fais qu'en imitant tes vertus,
De Dieu j'obtienne la couronne
Qu'il pose au front de ses élus.

Colombe, vierge glorieuse,
Des cieux habite les splendeurs !
Sur sa dépouille bienheureuse
A pleines mains jetons des fleurs.

Vu par Nous.

† MELLON, *Archev. de Sens.*

Sens, le 27 juillet 1858.

HYMNE

A SAINTE COLOMBE

MILLE cui virtus pe-
perit triumphos,
Mille nunc voces cele-
brent Columbam.
Nesciam vinci pugilem
litantes
Thure sequamur.

Que toutes nos voix s'accordent pour célébrer les louanges de Colombe et publier les triomphes que la vertu lui a préparés, offrons notre encens à celle qui a remporté la victoire dans ses combats.

BARBARUS, sanctum
sitiens cruorem,
Sternit ingenti Senonas
ruinâ,
Et pium Christi popu-
lator audax
Raptat ovile.

Un empereur cruel et barbare, avide du sang de Colombe, réduit les Sénonais dans la dernière consternation, par l'horrible ravage qu'il prétend faire dans le troupeau de Jésus-Christ.

RUMPERE objectas
acies parata,

Colombe, vous êtes toute disposée à soutenir

ce sanglant combat. Quel moyen plus sûr d'entrer dans le palais de votre époux et de lui donner le précieux gage de votre amour et de votre courage.

Aucune force ne saurait ébranler son intrépidité et lui faire rompre une sainte alliance ; en vain l'on brandit sur sa tête la hache redoutable ; rien ne l'émeut : ni l'épée, ni le feu.

Voici que l'Epoux m'appelle ; bourreau , hâte-toi Rends moi au Christ, après qui j'ai tant de fois soupiré, car il aime les épouses teintes de leur propre sang.

Louange éternelle au Créateur souverain ! Louange à vous aussi restaurateur de l'univers, vous qui sanctifiez vos épouses du souffle bienfaisant de votre amour.

Huc iter, Virgo gene-
   rosa, tendis :
Ingredi sponsi thala-
   mum cruento
Pignore certas

Nulla vis sancti re-
   movet tenacem,
Fœderis ; sævæ capiti
   secures
Imminent frustrà ; nihil
   ensis illam ;
Nil movet ignis.

En vocat Sponsus ;
   propera, satelles ;
Redde me Christo to-
   ties vocanti ;
Sic amat sponsas pro-
   prii cruoris
Murice tinctas.

Summa laus summum
   celebret Parentem ;
Sit tibi compar, Repa-
   rator, orbis,
Qui tibi sponsas per
   amoris almi
   Flamen inungis.

16.

LOCALITÉS

QUI PORTENT LE NOM DE SAINTE COLOMBE

Sainte-Colombe de Thuir (Pyrénées-Orientales).

Sainte-Colombe-de-Las-Illas, près Crexas (Pyrénées-Orientales).

Sainte-Colombe-sur-Lhers, près Chalabre (Aude).

Sainte-Colombe-de-Roquefort, près Roquefort (Aude).

Sainte-Colombe, près Saint-Geniès-de-Mourgues (Hérault).

Sainte-Colombe, près Bédouin (Vaucluse).

Sainte-Colombe, près Orpierre (Hautes-Alpes).

Sainte-Colombe-de-la-Brosse, près la Balme (Isère).

Sainte-Colombe-lez-Vienne (Rhône).

Sainte-Colombe, près Néronde (Loire).

Sainte-Colombe, près Vitteaux (Côte-d'Or).

Sainte-Colombe-sur-Seine, près Chatil-
lon (Côte-d'Or).

Sainte-Colombe-en-Auxois (Côte-d'Or).

Sainte-Colombe-en-Morvant, près l'Isle
(Yonne).

Sainte Colombe-en-Puisaye, près Saint-
Sauveur (Yonne).

Sainte-Colombe, près Saverdun (Ariège)

Sainte-Colombe, près Mansle (Charente).

Sainte-Colombe, près Montlieu (Charente-Inférieure).

Sainte-Colombe, près Lalinde (Dor-
dogne).

Sainte-Colombe, près Pontarlier (Doubs).

Sainte-Colombe, près Evreux (Eure).

Sainte-Colombe, près Vernon (Eure).

Sainte-Colombe, près Baziège (Haute-
Garonne).

Sainte-Colombe, près Saint-Sulpice
(Haute-Garonne).

Sainte-Colombe, près Castillon (Gironde).

Sainte-Colombe, près Rhétiers (Ille-et-
Vilaine).

Sainte-Colombe, près Levroux (Indre).

Sainte-Colombe, près Hagetman (Landes).

Sainte-Colombe, près la Capelle-Marivat
(Lot).

Sainte-Colombe-de-Duras, près Duras (Lot-et-Garonne).

Sainte-Colombe-de-la-Fargues, près la Plume (Lot-et-Garonne).

Sainte-Colombe-de-Pujols, près Pujols (Lot-et-Garonne).

Sainte-Colombe-de-Villeneuve, près Villeneuve-sur-Lot (Lot-et-Garonne).

Sainte-Colombe-de-Montauroux, près Grandrieu (Lozère).

Sainte-Colombe-de-Peyre, près Aumont (Lozère).

Sainte-Colombe, près Saint-Sauveur-sur-Douves (Manche).

Sainte-Colombe, près Donzy (Nièvre).

Sainte-Colombe-la-Petite, près Saint-Léonard-des-Parcs (Orne).

Sainte-Colombe-sur-Rille, près le Merlerault (Orne).

Sainte-Colombe, près la Flèche (Sarthe).

Sainte-Colombe-les-Bithaine, par Saulx (Haute-Saône).

Sainte-Colombe, près Provins (Seine-et-Marne).

Sainte-Colombe, près Saint-Valery-en-Caux (Seine-Inférieure).

ÉGLISES

CHAPELLES ET MONASTÈRES

SOUS LE VOCABLE DE SAINTE-COLOMBE

———

Cathédrale de Sainte-Colombe à Rimini (Italie).

Cathédrale de Sainte-Colombe à Barcelone (Espagne).

Eglise de Sainte-Colombe à Sens (Yonne).

Eglise de Sainte-Colombe à Chevilly (Seine).

Eglise de Sainte-Colombe à Ancy-le-Franc (Yonne).

Eglise de Sainte-Colombe à Champignelles (Yonne).

Eglise de Sainte-Colombe à Rigny-la-Noneuse (Aube).

Eglise de Sainte-Colombe à Saintes (Charente-Inférieure).

Chapelle de Sainte-Colombe à Armain-
ville (Meuse).

Chapelle de Sainte-Colombe, dans la cathédrale de Bourges (Cher).

Chapelle de Sainte-Colombe, dans la cathédrale de Sens (Yonne).

Abbaye de Sainte-Colombe, près Sens
(Yonne).

Abbaye de Sainte-Colombe, près Vienne
(Isère).

Abbaye de Sainte-Colombe à Saint-Omer.

Abbaye de Sainte-Colombe à Bordeaux.

Abbaye de Sainte-Colombe à Toulouse.

TABLE

SENS. IMP. DUCHEMIN

9 782329 481357